Meditações republicanas
e ambientais brasileiras

Castro Faria, A. B.

CASTRO FARIA, A. B.

Meditações republicanas
e ambientais brasileiras

Edição revisada e ampliada

F224m Castro Faria, Álvaro Boson de.

       Mediações republicanas e ambientais brasileiras [livro eletrônico]. / Editor. - Dois Vizinhos: 2020.
       1260 Kb; e-PUB

       Inclui Bibliografia.
       ISBN 978-65-00-01396-2

       1. Maçonaria. 2. Meio ambiente. 3. História.
       4. Espiritualidade. I. Título.

                                    CDD: 366.1
                                    CDU: 366.1(81)

Keli Rodrigues do Amaral Benin – Bibliotecária – CRB 9/1559

Ao meu amado pai,

[...] Desejaria escolher para mim uma pátria afastada, por uma feliz impotência, do amor feroz às conquistas e garantida, por uma situação ainda mais feliz, contra o temor de tornar-se ela própria a conquista de um outro Estado: uma cidade livre situada entre vários povos, nenhum deles tendo interesse de invadi-la, e cada um deles tendo interesse de impedir os outros de invadi-la. Enfim, uma República que não tentasse a ambição dos vizinhos e que pudesse razoavelmente contar com a ajuda deles, se necessário. Segue-se que, numa posição tão favorável, ela nada teria a temer senão a si mesma, e o adestramento dos cidadãos nas armas serviria antes para manter o ardor guerreiro e a altiveza da coragem, que combinam tão bem com a Liberdade e alimentam o gosto por ela, do que para prover a própria defesa. [...]

Jean Jacques Rousseau

LISTA DE ILUSTRAÇÕES

LISTA DE SIGLAS

CDB	Convenção de Diversidade Biológica
EUA	Estados Unidos da América
FAO	*Food and Agriculture Organization*
FMI	Fundo Monetário Internacional
GOB	Grande Oriente do Brasil
INCRA	Instituto Nacional de Colonização e Reforma Agrária
LPVN	Lei de Proteção da Vegetação Nativa
MDA	Ministério do Desenvolvimento Agrário
MDL	Mecanismo de Desenvolvimento Limpo
MMA	Ministério do Meio Ambiente
ONU	Organização das Nações Unidas
PNMA	Política Nacional do Meio Ambiente
PPP	Princípio do Poluidor-Pagador
REDD	Redução de Emissões de Desmatamento e Degradação Florestal
URSS	União das Repúblicas Socialistas Soviéticas
UE	União Europeia

SUMÁRIO

Este livro foi escrito por alguém que se considera como sendo do povo, e que sempre tentou entender o Brasil. Tarefa difícil. Mas, tive o privilégio de viver em um ambiente democrático. Este termo, *democracia*, é muitas vezes evocado sem a devida compreensão ou reflexão sobre sua importância. Tendo sido proposto ainda na Grécia, de tempos em tempos, parece que volta a tomar o centro das atenções e discussões. Democracia, para que a sociedade se desenvolva em valores e costumes saudáveis. Já a segunda intenção, é enaltecer a *liberdade*, que pode ser apropriada das mais diversas formas e para o mais diversos intuitos e narrativas, que de algum modo, estão aqui discutidos.

No momento que apresento este trabalho, ano de 2020, o país passa por tensões causadas pela crise de saúde pandêmica, causada pelo coronavírus, onde o valor da vida humana passou a ser ressaltado, também, de muitas formas. Já a primeira versão como livro de bolso, foi lançada em 2016, era mais simplificada, e propunha um tipo de reconciliação que para o momento atual, parece estar acontecendo. Estamos sendo testemunhas oculares da história. O passado e o presente se encontrando, para tornar a escrever as páginas de um futuro sempre imprevisível.

As outras chaves que funtamentaram a discussão foram, a saber, a defesa do Estado de Direito pela Constituição cidadã de 1988, reconhecendo suas virtudes e a necessidade de aceitar adaptações, mas sem nunca optar pela ruptura democrática.

Importa destacar que o público que pretendo atingir são os amados irmãos maçons. A Maçonaria, como instituição secular, está agora massificada, e dito isto, reafirmo que o livro foi escrito por alguém do povo, e é direcionado para o povo ler, não subjungando-o de suas possibilidades cognitivas.

* * *

Para entender o Brasil é preciso se colocar na posição daquele que ama muito a seu pai, mesmo que por motivos a princípio desconhecidos, não consigam se entender. Após muitos conflitos, este filho consegue conquistar sua independência e autonomia, inspirando e auxiliando os próximos. Mas, nesta relação, muitas pontas foram deixadas abertas, pois não se sabe em que nível de aprimoramento se encontram estas consciências, nem a real capacidade de assumirem certos equívocos. A esperança é a de que ambos se reconciliem, pois das animosidades também podem ser extraídos ensinamentos positivos.

A estória poderia ser vista como uma daquelas tragédias dos deuses da mitologia na Grécia antiga, em que todos eram aparentados e guerreavam entre si. Só que, nesta metáfora, o pai é o Estado brasileiro; e o filho somos todos nós, indivíduos livres e com direitos civis e políticos.

Contudo, esta obra nao pretende ser um tratado sobre filosofia, política ou sociologia. Os aspectos levantados e discutidos são percepções que podem ser captadas de um imaginário coletivo, por curiosos que se aventurem em assuntos diversos de um conhecimento, fragmentado nos guetos acadêmicos e da sociedade organizada.

A reflexão sobre a riqueza das simbologias e das ritualísticas maçônicas, adicionada a certa curiosidade na busca de conhecimento em áreas diversas como história, ciências políticas, misticismo, espiritualidade e epistemologia, permitiram a elaboração deste trabalho. Através desta busca, foi possível organizar ideias quanto a um pensamento livre e ponderado sobre o episódio da proclamação da República dos Estados Unidos do *Brazil.* Embora o golpe militar de 15 de novembro de 1889 tenha sido arranjado[1] - pois não havia um tirano para ser deposto - acabou contribuindo para originar um Estado laico, e que, em um sentido estrito, foi fundamental para que no longo prazo houvesse o afloramento da democracia e da liberdade de expressão, características do povo brasileiro. É evidenciado, neste trabalho, que os símbolos cívicos permitem uma identificação. Estas são brasas do gene da república conquistada com a proclamação. Cada

---

[1] Tal qual com o golpe da Restauração absolutista pela Casa de Bragança, em 1640, quando Portugal rompeu com a União Ibérica.

cidadão consciente e ávido pelo conhecimento precisa conhecê-los, para desenvolver a sua própria identidade patriótica.

A primeira edição foi publicada com o título *Reflexões republicanas contemporâneas: um convite para a reconciliação*. A redação estava condicionada à paixão dos acontecimentos do momento (entre os anos 2011 a 2015); a interpretação do R.´.E.´.A.´.A.´. que fazia, mas sobretudo, ao *retorno de saturno*[2] coletivo pelo qual passava a sociedade brasileira.

Faço vênia aos irmãos escoceses, por onde mui honrosamente advenho por iniciação, que entenderão que este trabalho é fruto de um amadurecimento sobre o sentido do amar os seus, com um tipo de amor fraterno que dispõe das boas intenções; e que eleva os pensamentos pela crítica e autocrítica, e não no sentido do amor que fecha os olhos por oportunismo ou leniência. Isto é, creio não deixar de ser maçom por opinar em fatos históricos cuja responsabilidade direta foram de

---

2 Dados do IBGE indicam o *turning point* da idade média da população brasileira em 28 anos, o que representa um momento coletivo, em que tomamos consciência de nossas limitações, daquilo que podemos ou não podemos fazer.

irmãos do passado, mas que julguei injustificados. Entendo que as fórmulas para se corrigir no presente tais erros são muito mais complexas do que aquelas propostas pela força ou impostas pela lei de Talião. Acredito que merecemos a transparência, que saneia os corpos e cicatriza as feridas. Certamente que nem todos irão concordar, e da mesma forma que saberei respeitar o contraditório, também estou certo, para este momento, que a liberdade de opinião que disponho será respeitada. Sei que o preço da réplica provavelmente será cobrado, e que muitos obreiros haverão de concordar e outros de discordar com o entendimento que aqui se apresenta no primeiro tomo.

Todos estamos sujeitos para com a mesma *igualdade*. Esta edição é agora apresentada de forma revisada e ampliada. Devido ao interesse em questões da ética ambiental e da legislação florestal, pelo qual atuamos, senti a necessidade de conferir esta integração ao conteúdo inicial e, desta forma ressignificando o trabalho quanto aos temas abordados, escrevendo, no segundo tomo, outros novos capítulos complementares, adotando, por vezes, uma linguagem mais pessoal, e argumentando sobre o paradigma social da sustentabilidade.

Tudo tem um sentido de ser. Temos observado a partir de 2013, o início de um movimento que tem aumentado sua influência na evolução de uma sociedade mais esclarecida. Verificamos o quanto parte deste movimento carece ainda de maiores informações sobre o conservadorismo frente a verdadeira ética da conservação ambiental. Entendo que podem andar juntas, bastando, para tanto, a aceitação de julgamentos *moderados* sobre a importância do uso responsável dos recursos naturais.

Apresentado metafisicamente no pavilhão nacional, o verde inspirará sempre o reconhecimento da nação brasileira em sua eminente liderança na agenda ambiental internacional, compromisso que poderia ser chamado para si pela família brasileira. Uma ligação, no entanto, precisa ser reconstruída, pois um futuro bem-aventurado e com esperança só pode ser sonhado por aqueles que amem o seu passado, mas que saibam viver o *presente* e projetar o futuro. Para o século XXI, caberá aos livres pensadores restaurarem continuadamente esta relação, a de amor, com a pátria e a sua história. E, somente assim, o Brasil poderá iluminar o mundo com a sua inequívoca mensagem, a da pátria de *reconciliação*. Nas vésperas do bicentenário da Independência, entrego a sociedade uma obra escrita por um brasileiro que ama o país, com todas as suas nuances.

Castro Faria, A. B.
1º semestre de 2020.

φ

TOMO

I

Influência maçônica na Proclamação

A partir de 15 de novembro de 1889, muitas incertezas tomaram conta da sociedade, que passou para uma nova etapa dentro de um contexto de representação administrativa. Uma das formas de estabilização social se deu com a propositura de novos símbolos nacionais que, por um lado, deram continuidade ao que de positivo se considerava do regime anterior, ao passo em que também foram feitas novas interpretações para os valores que, a partir de então, passariam a ser seguidos na consolidação da identidade nacional.

A constelação das cinco estrelas que formam o Cruzeiro do Sul, por exemplo, ao ter sido utilizada pelos navegadores, sempre foi um dos símbolos mais destacados. O Império havia criado a Ordem do Cruzeiro do Sul como uma comenda que homenageava personalidades públicas em suas áreas de atuação, e era um símbolo do poder imperial. Com a república, esta honraria foi abolida, mas foi restabelecida, posteriormente, pelo Estado Novo, com sua atual denominação de Ordem Nacional do Cruzeiro do Sul. Mas, desde a inserção na bandeira, passou a representar um eminente simbolismo, como será verificado.

Ainda infantes, aprendemos que na Bandeira Nacional o retângulo verde representa as florestas, e é sobreposto ao losango amarelo, que lembra as riquezas do país, seguido, ainda, de uma abóboda azul celeste, semeada com estrelas brancas de cinco pontas cada, e que representam, cada uma, um Estado da Federação. Todas estas, encobertas com uma faixa branca com os dizeres "Ordem e Progresso", alusivos aos ideais positivistas dos militares responsáveis pela implantação da República Federativa, e, em especial, aos da escola militar da Praia Vermelha, dirigida por Benjamin Constant Botelho de Magalhães.

A concepção do pavilhão foi arquitetada por pensadores também positivistas, como os professores Raimundo Teixeira Mendes, o Dr. Miguel Lemos e o professor Manuel Pereira Reis, tendo o desenho sido confeccionado pelo pintor Décio Vilares. Assim, em cada cidadão brasileiro resiste a inspiração para trabalhar em prol dos ideais do maçom e filósofo francês Auguste Comte: *O Amor por princípio e a Ordem por base; o Progresso por fim.*

O Decreto n. 4 de 19 de novembro de 1889 estabeleceu os distintivos do pavilhão e das armas nacionais, não sendo por menos que esta data tivesse passado a simbolizar o dia do pavilhão nacional. O curto período entre os dias 15 a 19 de novembro sugere que já tinham sido concebidos há algum tempo antes do golpe. A publicação ocorreu em Diário Oficial no dia 24 de novembro do mesmo ano, juntamente com os argumentos que apresentavam as justificativas dos símbolos. Quanto ao Anexo 2, alguns trechos são históricos e merecem citação, considerando a realidade do século XXI.

> *[...] Destinada a lembrar a fraternidade, base de todo o civismo, a bandeira deve ser symbolo de amor, antes de tudo. [...] Deve incitar a mais fervorosa dedicação pelas gerações vindouras. [...]*
>
> **Raimundo Teixeira Mendes**

No pavilhão nacional republicano, as estrelas do Cruzeiro simbolizam os estados da federação que tiveram reconhecida importância na história e na economia nacionais, como a Bahia, Minas Gerais, São Paulo, e Rio de Janeiro. Podemos notar que a estrela denominada Intrometida (Figura 1), representa o Estado do Espírito Santo, e permanece ao lado esquerdo da constelação. Curiosa observação, uma vez que quando vislumbramos da terra a constelação do Cruzeiro do Sul, especialmente nas noites com lua cheia e com um limpo céu azul escuro, percebemos que a Intrometida fica do lado direito do Cruzeiro, e não o esquerdo. A Intrometida, representa também o Coração da *Crux*, ou ainda, o elo entre o os planos material e imaterial de todo brasileiro. Esta metafísica implica dizer que, aos olhos de cada brasileiro, a terra deve ser vista de cima, como se a olhássemos do céu, da atmosfera (Figura 2).

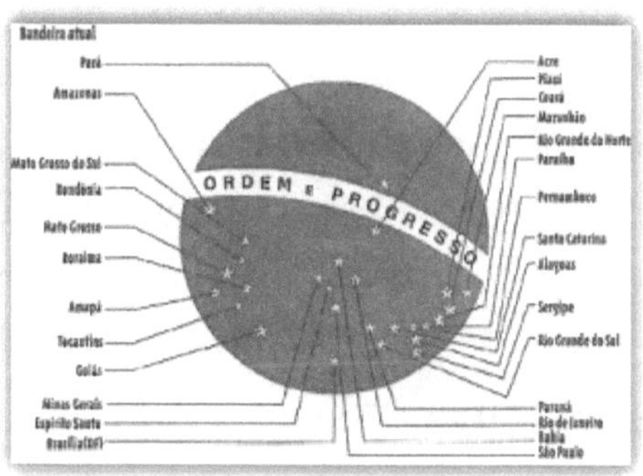

Figura 1: "Intrometida" na Bandeira Nacional (Planetário de Brasília).

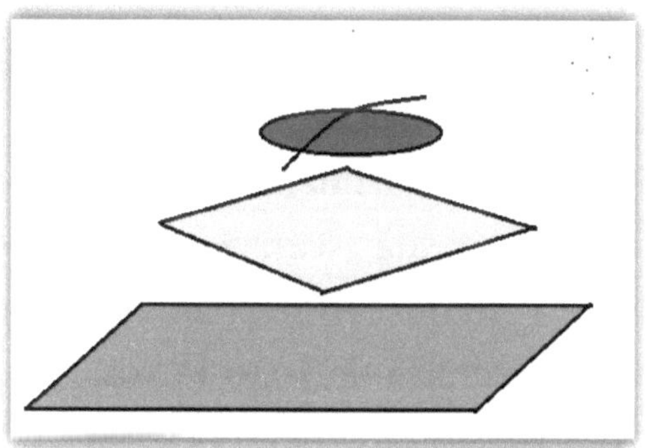

Figura 2: Metafísica na Bandeira Nacional.

Prova incontestável da presença da metafísica do Ar nas representações da República, subsiste na Capital Nacional. Brasília, construída na forma de avião, para quem a vê em imagens de satélites, nos remete à percepção do elemento atmosférico (Figura 3), sendo controverso, contudo, se os arquitetos que a projetaram consideraram a metafísica positivista nesta concepção. Mesmo que não oficialmente, se nota uma semelhança com o *layout* do avião 14 Bis, projetado pelo confidente da Princesa Isabel, Santos Dummont, pai da aviação nacional, que teve seu passamento em 1932 associado a tristes episódios.

Por mesmas causas, o último presidente da terceira república, Getúlio Vargas, cometera ato contra a própria vida na sede do Poder Executivo no Rio, em 1954. Tal acontecimento, relevante por si, justificou a transferência da capital, em 1960. Considerando que sua ascensão pela Revolução de 1930 ocorrera em decorrência de um oportunismo quanto ao assassinato de João Pessoa, na Paraíba, por motivos passionais, percebe-se a necessidade permanente de que devamos *agradecer em bons pensamentos* os legados positivos que estes diversos personagens deixaram para a sociedade, em face da forma com que nos deixaram.

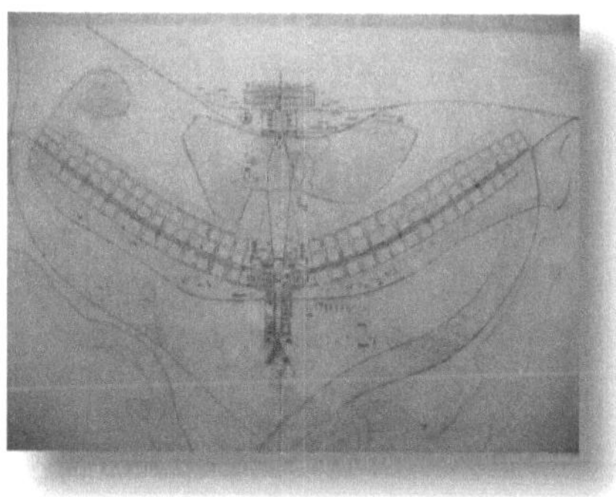

Figura 3: Brasília, remetendo à metafísica do Ar (Museu JK).

Em 9 de novembro de 1906, depois de 17 anos da implantação da República, o jornalista e poeta Olavo Bilac coroou o pavilhão nacional com um hino em exaltação ao amor pela terra e ao esplendor do Cruzeiro, com música composta pelo maestro Antônio Francisco Braga. Muitos maçons se acostumaram a utilizar o termo "varonil" ao invés de "juvenil". Também, há menção sobre a grandeza da Pátria, que nos traz lembranças de uma nobre presença. Ao bom entendedor, fica subentendido que seria um reconhecimento a D. Pedro II.

<u>Hino à Bandeira Nacional</u>

Salve lindo pendão da esperança!
Salve símbolo augusto da paz!
Tua nobre presença à lembrança
A grandeza da Pátria nos traz.

Recebe o afeto que se encerra em nosso peito <u>juvenil</u>,
Querido símbolo da terra,
Da amada terra do Brasil!

Em teu seio formoso retratas
Este céu de puríssimo azul,
A verdura sem par destas matas,
E o esplendor do Cruzeiro do Sul.

Recebe o afeto que se encerra em nosso peito juvenil,
Querido símbolo da terra,
Da amada terra do Brasil!

Contemplando o teu vulto sagrado,
Compreendemos o nosso dever,
E o Brasil por seus filhos amado, poderoso e feliz há de ser!

Recebe o afeto que se encerra em nosso peito juvenil,
Querido símbolo da terra,
Da amada terra do Brasil!

Sobre a imensa Nação Brasileira,
Nos momentos de festa ou de dor,
Paira sempre sagrada bandeira
Pavilhão da justiça e do amor!

Recebe o afeto que se encerra
Em nosso peito juvenil,
Querido símbolo da terra,
Da amada terra do Brasil!

* * *

Em perspectiva crítica, verifica-se que o movimento republicano que logrou êxito no golpe de 15 de novembro, <u>não</u> contou com a participação direta do povo. Os partidários tinham origens diversas e estavam influenciados por sua livre interpretação pela obra *Moral e Dogma*[3] publicada em 1871, de autoria do General Confederado americano Albert Pike, que reescreveu os graus simbólicos filosóficos do rito escocês. A publicação do Manifesto Republicano por políticos no Rio em 1870, e a criação do Partido Republicano Paulista em Itu[4] no ano de 1873 por fazendeiros do café, fornecem indícios históricos das aspirações maçônicas daquela época. Frise-se que a Guerra de Secessão havia terminado em 1865, e a Guerra do Paraguai havia se estendido entre 1864 a 1870. Também advindo da elite cafeeira, tomou posse o primeiro Presidente civil da República Velha, o maçom Prudente de Morais. E, que nas décadas anteriores à proclamação, o Império tinha dado início à forçosa substituição da mão de obra escrava no

---

[3] Por muito tempo, Moral e Dogma teve circulação restrita, tendo sido traduzida para o português apenas no século XXI.

[4] Link de Cerimonial de Comemoração da Proclamação em Itu SP, pelo maçom e Presidente Michel Temer: https://www.youtube.com/watch?v=JywN1qqUhqI Acesso: jan. 2020.

campo, gerando demandas trabalhistas, tendo-se destacado a substituição pela imigração dos protestantes originados de diversos países, como os presbiterianos americanos.

> *[...] A Maçonaria não pronuncia preceitos impraticáveis e extravagantes, certamente, porque assim serão negligenciados. Ela não pede a seus iniciados nada que não lhes seja possível, e até fácil de executar. Seus ensinamentos são eminentemente práticos; e seus estatutos podem ser obedecidos por todo homem justo, correto e honesto, não importa qual seja sua fé ou credo. Seu objetivo é alcançar a maior das boas práticas, sem preocupar fazer os homens perfeitos. Ela não se intromete nos domínios da religião, nem questiona os mistérios da regeneração [...]*
>
> **Albert Pike**

Segundo o historiador Marco Antônio Villa[5], os republicanos paulistas haviam proposto outro projeto para a Bandeira Nacional, que acabou sendo adotada posteriormente como na do Estado de São Paulo, década de 1930, momento em que teve seu simbolismo alterado, justificando-se as listras mosaicadas horizontais em alusão aos

---

[5] Proposta paulista para a bandeira. Disponível em <https://www.youtube.com/watch?v=flxw6Df5zCA> Acesso, nov. 2019.

bandeirantes e aos jesuítas.

Nos Estados Unidos, no período conhecido como Reconstrução, após o assassinato de Lincoln em 1865, a bandeira americana *yankee* passou a ter sentido unificado (democrata e republicana). O mesmo aconteceu com a Bandeira Nacional brasileira, a partir de 1889. A motivação de Benjamin Constant e os seus, por almejarem a qualquer custo um pouco da glória desta já *Velha Ordem mundial*, não foi mera coincidência. A tomada do poder por militares com inspiração Confederada, fez com que após o 15 de novembro, as relações internacionais com os EUA tivessem ficado muito mais próximas (Figuras 4 e 5).

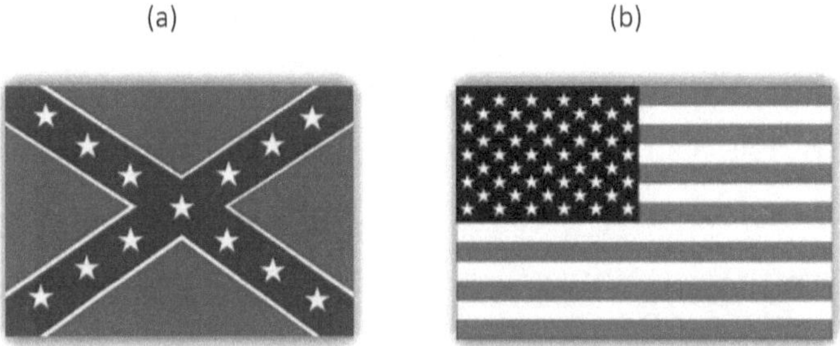

Figura 4: Bandeiras americanas da Guerra de Secessão, confederada (a), e da união (b).

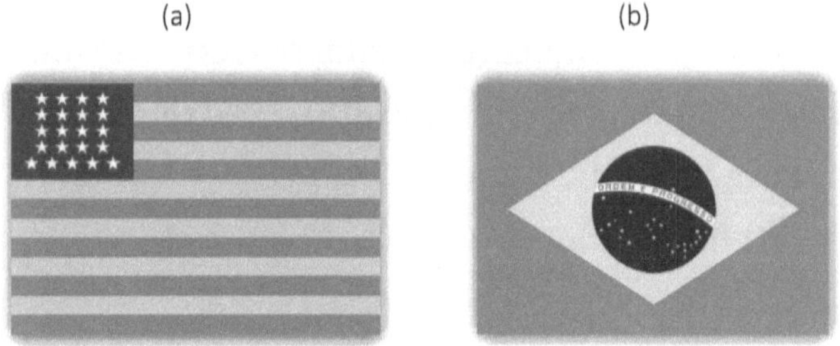

Figura 5: Bandeira nacional provisória (a) e a que conferiu continuidade institucional após a proclamação (b).

* * *

Eduardo Paulo da Silva Prado, jornalista e escritor, foi um dos fundadores da Academia Brasileira de Letras. Contemporâneo aos acontecimentos que levaram à proclamação, passou e publicar artigos e livros contestando ferozmente, e na comunidade internacional, o novo regime e as controvérsias de seus símbolos. Seu passamento deu-se em 1901, com apenas 41 anos, em São Paulo. Na obra *A Bandeira Nacional*, publicada *post mortem* e disponível na biblioteca de Harvard, teceu severas críticas aos aspectos astronômicos ali presentes. Em *A ilusão americana*, Prado defendia o seguinte paradigma para a identidade nacional:

> *[...] No Brasil aconteceu o mesmo com a ideia funestíssima de copiar os Estados Unidos nas suas leis políticas. Copiemos, copiemos, pensaram os insensatos e serem grandes. Deveríamos antes dizer: Sejamos nós mesmos, sejamos o que somos, e só assim seremos alguma coisa. [...] A civilização norte americana pode deslumbrar as naturezas inferiores que não passam da concepção materialística da vida. A civilização não se mede pelo aperfeiçoamento material, mas sim pela elevação moral.*
> **Eduardo Prado** *(1893[6])*

* * *

A consolidação de um sistema político mais

---

[6] Opinião de Eduardo Paulo da Silva Prado. Disponível em <https://www2.senado.leg.br/bdsf/handle/id/1095>. Acesso: Dez. 2019.

democrático, deu-se com o tempo e com a evolução do tecido social. A República Velha caiu por meio do golpe do Estado Novo, de inspiração castilhista. Aos poucos, houve o afloramento do ideal socialista no sistema de representação político-partidário. Com a gene do autoritarismo sempre presente e cada vez mais forte, em 1935, deflagrou-se a Intentona Comunista, também controlada militarmente.

Passado a Era Vargas, em novo período de redemocratização, uma nova onda socialista se estabeleceu. A reação ocorreu no ano de 1964, quando o Congresso, por meio de atos oficiais, atendeu as manifestações que ficaram conhecidas como *Marchas da família pela Liberdade*.

Nas duas décadas seguintes, a partir da intervenção militar, os *cinco* presidentes generais cumpriram com a função de garantir a ordem e o progresso, em que pese tivessem ocorrido excessos e perseguições a concidadãos não necessariamente culpados ou revolucionários, a exemplo das suspeitas *causa mortis* de Juscelino Kubitschek e Carlos Lacerda que, caso estivessem vivos nos anos da reabertura[7] política, poderiam ter exercido liderança incontestável, criticando os excessos dos extremos.

* * *

Em meio à instabilidades políticas históricas geradas pela proclamação e após breves explanações dos significados simbólicos da República dos "sãos", todo patriota que se preze começa a buscar outras informações e detalhamentos que levaram ao 15 de novembro de 1889. Trata-se de fatos que, aos que estudam a cabala, levam-nos de *Kether* para *Malkut*, em um caminho de *Tzin Tzun* repleto de tropeços em abismos, trilhas com ventanias, e tilintares de espadas, em noites chuvosas e com luas negras e sinistras[8].

É preciso conhecer, também, a história que os livros esqueceram, as razões dos personagens

---

[7]Tal reabertura fora motivada, além de fatores das pressões democráticas, à necessidade de desafiar o governo civil, na missão de estabelecer estratégias para o pagamento da dívida externa contraída com recursos do Fundo Monetário Internacional americano (FMI), que garantira vultosos recursos para a manutenção da paz social nas duas décadas anteriores, por meio de políticas de bem-estar social (*welfare state*).

[8] Esta frase trata de uma figura de linguagem alusiva à cerimônia da Iniciação, ou ainda, à mentalização necessária para se alcançar a kundaliní yoga.

por trás das ideologias, pois um povo que não conhece seu passado não consegue distinguir para onde deve seguir seu caminho.

Sabe-se, oficialmente, que o 15 de novembro culminou com Deodoro destituindo o gabinete do Visconde de Ouro Preto que, como primeiro-ministro, atuava como principal figura do Poder Executivo do Império. Apesar de muito influenciado por colegas positivistas, dizia-se fiel ao Imperador até às vésperas, pois devia muito de sua condição e sucesso profissional a Pedro II. Mas, agiu sem saber como iria terminar o episódio, não declarando de imediato a República, que era o objetivo real de seus companheiros, liderados pelos maçons Benjamin Constant e Quintino Bocaiúva.

Entre os anos de 1889 a 1890 o Grande Oriente do Brasil (GOB) teve como grão mestre o juiz João Baptista Gonçalves Campos, o Visconde de Jary. Manuel Deodoro da Fonseca, primeiro presidente do Brasil, foi alçado a grão mestre em 1890, tendo tomado posse dispensando as pompas e permanecido por apenas um ano. Em sua administração como líder supremo da maçonaria, atuou de forma indiferente, segundo consta nos relatos de José Castellani, renomado autor maçom, em sua obra *História do Grande Oriente do Brasil*. O GOB, portanto, teria apenas endossado o golpe militar.

Mas, com a análise sobre o *Boletim do Grande Oriente do Brasil* de 1º de março de 1890, onde se encontram as atas da cerimônia de posse do grão mestre, se comprova que o GOB, de fato, festejou o materialismo de um golpe politicamente incorreto, mesmo o generalíssimo não tendo ficado para a comemoração, alegando questões de saúde. A menção é reveladora ao explicar por que, aos poucos, muitos eruditos foram afastando-se da Sublime Ordem, em contraposição à contínua participação dos homens meramente de negócios, relativamente ou pouco preocupados com o interesse público. Os fatos mostram que a queda do Império em 15 de novembro foi provocada por motivações particulares de Deodoro, e que os positivistas, obtiveram êxito, por terem sido beneficiados por motivos de foro íntimo deste personagem.

[...] Não cahio a Monarchia por ser tyrannica, nem

Josino do Nascimento Silva, *Grande Orador do GOB, na Sessão de posse de Deodoro*

* * *

É imprudente abordar como verdades absolutas fatos vivenciados nas vidas particulares de personalidades históricas, ainda mais com mais de uma centena de anos em que ocorreram. O que nos é permitido é tão somente supor o que tenha acontecido de fato, ou o que "teria sido". Oficialmente, Deodoro proclamou a República somente após Pedro II ter indicado como

---

[9] Neste trecho, com sarcasmo, o Grande Orador, simplesmente, ignora a existência dos limites do Poder Moderador constitucional.

substituto no cargo de Ouro Preto, o senador Gaspar da Silveira Martins, em atendimento à recomendação do próprio Primeiro-ministro destituído.

Caso Pedro II tivesse conhecimento das desavenças pessoais entre Deodoro e Silveira Martins, talvez não tivesse aceitado tal recomendação, após mais de meio século em que o país fora uma monarquia parlamentar constitucional. Por ter sido o pivô central deste processo, o próprio Visconde de Ouro Perto, já no exílio, dedicou mais de 250 páginas de justificativas em seu livro *Advento da dictadura no Brazil*, publicado em Paris, em 1891. Estas e muitas outras referências foram, com o tempo, ficando esquecidas pelo povo, com o processo de reforma cultural orquestrada pelos governos republicanos nos anos seguintes.

A história não pode deixar de ser considerada, portanto, pelo ponto de vista das diferenças pessoais entre os dois políticos que, embora fossem pessoas públicas e influentes no cenário da época, possuíam animosidades entre si, e que fizeram toda a diferença em um momento crucial da história da nação, em detrimento de todos os aspectos secundários, que possam ser utilizados para justificar os fatos.

* * *

Entende-se como sinastria a avaliação do nível de compatibilidade de pensamento entre duas personalidades. Nota-se que tanto Deodoro quanto Silveira Martins foram leoninos, ou seja, exerciam naturalmente a liderança. O alagoano Deodoro (fogo x terra), nascido em município que leva hoje seu nome, possuiu ascendente em touro, o que teria reforçado sua vaidade e apego com a posse de bens materiais. Já o rio grandense Silveira Martins (fogo x fogo), natural de Cerro Largo, teria possuído ascendência em áries, o que reforçaria a tese de possuir um temperamento explosivo. São apenas dois aspectos comportamentais que poderiam ser avaliados, dentre outros (Figura 6).

Figura 6: Cartas natais dos inimigos íntimos.

* * *

Nos dias atuais, na cidade de Rio Pardo (RS), a 145 km de Porto Alegre, quase imperceptível para quem por ali passa, uma bela fonte, construída com ornamentos típicos do final do século XIX, está esquecida, com ervas daninhas crescendo e com os restos de tijolos e construções deixando aos que por ali passam a impressão de completo abandono. Em outras épocas, era considerada a Fonte da Baronesa. Fora ali, e em tempos remotos, que ocorriam os encontros de Maria Adelaide e Gaspar Silveira Martins, que lhe bonificava a mucama, para que ela desse um passeio, para ficar a sós com sua consorte[10].

Maria Adelaide Andrade Neves, a Baronesa, nasceu em 1837, na época da Revolução Farroupilha. Era filha de Joaquim de Andrade Neves, o Barão do Triunfo, um dos heróis daquela guerra, e que combatera ao lado dos imperialistas. Era casada com o Major Miguel Meirelles, que veio a falecer perto dos 50 anos. Assim, ficou viúva aos 41 anos, no auge da sua beleza. Era muito vistosa. Na mocidade, teria tido um romance com o então Tenente Deodoro da Fonseca, que havia servido em Rio Pardo; e, teria acontecido posteriormente, o caso entre ela com Gaspar da

---

[10] A estória da baronesa relatada pela família imperial: https://www.youtube.com/watch?v=hnXl6eF5S28 Acesso: dez.2019.

Silveira Martins[11].

Os fatos que realmente aconteceram na trama não nos são permitidos conhecer, e nos cumpre, apenas, observar que a rivalidade entre Deodoro e Silveira Martins encontrava justificativas nesta senhora, que pode ser considerada a *Marianne* da República Federativa do Brasil, o elo perdido da proclamação da república[12].

* * *

Em que pese tenha sido proposto um mito para a *Crux* no pavilhão nacional republicano, solidificando a tradição cristã pretendida pelos fundadores, o posicionamento moral dos idealizadores leva-nos a crer que o que se pretendia com a proclamação, era preservar um certo padrão de conservadorismo cristão, mas, mais relativizado e tolerante aos vícios inerentes às energias telúricas, que culminaram como o estopim de um golpe administrativo, cujos reflexos estenderam-se ao

---

[11] Versão ratificada pelo jornalista Alexandre Garcia https://www.youtube.com/watch?v=gJLvBDB70ng Acesso: nov 2019.

[12] Para observar outro relato do caso: http://zh.clicrbs.com.br/rs/entretenimento/noticia/2013/08/na-disputa-pela-mesma-dama-silveira-martins-teria-levado-a-melhor-sobre-marechal-deodoro-4244509.html . Acesso: jan. 2020.

longo do tempo e de forma permanente, na política e na cultura nacional, a partir da capital, Rio de Janeiro.

Não se pode pretender declarar-se órfão da história, como se apagar o passado pudesse contribuir para melhorar o futuro. E, também, não é possível querer viver a estória dos outros povos. Mas é isso que os republicanos positivistas objetivaram, isto é, apagar o passado, e se espelhar no modelo americano.

Quando analisamos a história brasileira considerando a extensão da história portuguesa, fica muito claro compreender para onde devemos volver, e, que somos a nação com a missão de salvar a humanidade de si mesma. O orgulho e arrogância a que aqui se faz menção, promíscua, por assim dizer, acabou espraiando para a egrégora da *árvore* brasileira uma remota ´maldição` franciscana para os anseios de Dom João IV[13], o primeiro dos Bragança. Porquanto a confiança já tivesse sido perdida diversas vezes, como por Dom Afonso IV na trama contra Inês de Castro, ou, por

---

[13] Referindo-se à lenda da "maldição franciscana dos Bragança".

Dom Fernando I (último dos Borgonha), ou, em Alcácer-Quibir, pela soberba de Dom Sebastião[14] (último dos Avís). Este infortúnio, transformou-se em verdadeiro *carma*[15] no qual todo o povo brasileiro passou a se sujeitar. A secular exortação franciscana poderia ter sido sanada, mais recentemente, caso tivesse se concretizado o terceiro reinado brasileiro, ou antes, se caso D. Pedro I do Brasil tivesse consumado uma união menos vexaminosa com D. Leopoldina de Habsburgo, devido a Domitila de Castro[16].

* * *

Ao se compreender que questões do *campo* devam ser vistas como algo a ser cultivado também com responsabilidade, dentro de uma alma maior ou mônada espiritual, é de conhecimento comum, também, que a libertação dos escravos pela Lei Áurea em 13 de maio de 1888, antes do golpe de

---

[14] Rei português ultramontano, morto no Marrocos, séc. XVI, em uma desnecessária cruzada naquele país.

[15] *Carma*: Termo derivado da doutrina hindu, para explicar a necessidade de expiação para o pagamento de dívidas espirituais e para o aprimoramento moral.

[16] Para uma melhor compreensão, sugere-se o filme *Independência ou morte*, de 1972, dirigido por Carlos Coimbra, disponível gratuitamente.

1889, gerou diversas críticas destes conservadores, que, além de se sentirem prejudicados por não terem sido respeitados no seu direito de propriedade - pois exigiam indenizações do governo pelos escravos libertos -, também não concordavam com os costumes praticados pelos negros, que agora passariam a ser seus concidadãos.

Pelo ponto de vista da cabala, a diferença entre ser conservador e ser liberal é a filosofia entre optar por ser sério/sábio ou ser alegre/louco em relação aos elementais ar, terra, fogo e água. As diferentes interpretações que surgem com este conhecimento podem consolidar a diferença entre as religiões e a diferença entre os dogmas morais e culturais de cada sociedade. A Maçonaria, neste sentido, já foi no passado, combatida pela Igreja Católica, na chamada "questão religiosa", por permitir aos maçons um conhecimento e uma reflexão livre e independente, através do estudo de seus ritos e simbologias. Tal impasse foi solucionado, consensualmente, com a ação moderadora de Pedro II, reconhecendo a importância da maçonaria (Figura 7).

Figura 7: Interpretações morais da Cabala hebraica pelo rito escocês.

Em que pese existam diversos ritos maçônicos, uma possível interpretação da Árvore da vida, por exemplo, prevê em *malkut* o elemento terra e à sua direita, no Sul, a representação do Ser alegre ou liberal. O Ser sério ou conservador consideraria a direita a partir do Leste e de outra *sephirot, kether.* Assim, o que para um costume seria considerado "direita", seria o contrário para outra moral, com base na mesma teoria mística. Existe, com esta constatação, a hipótese pela qual a viúva e baronesa do Triunfo tenha escolhido o gaúcho[17] Silveira Martins justamente por sua atitude mais liberal, e que Deodoro tenha passionalmente proclamado a República, embora, contraditoriamente, tenha sido um líder militar conservador.

Contrapondo-se ao conceito utilizado, frisa-se que a ideia de conservadorismo para os monarquistas, sempre esteve vinculada principalmente à fé católica, sendo permitido pouca relativização sobre certos dogmas. Em nível extremado, os conservadores "ultramontanos[18]" – como a Princesa Isabel – eram amplamente criticados pelas mídias republicanas no Império, a exemplo dos artigos da revista "O Mequetrefe", organizada pelo grão mestre Saldanha Marinho, que defendiam o estado laico.

Aprender a vencer as paixões e levantar templos à virtude, sempre foram ensinamentos

---

[17] Do francês *Gauche*: significado: Esquerda.

[18] Ultramontanismo: do latim *ultramontanus*, que significa "além das montanhas", especificamente, para além dos Alpes de quem está na França ou na Alemanha, referindo-se à uma doutrina católica que busca em Roma a sua principal referência. O tema insere-se na problemática da chamada "questão religiosa", e na histórica fé exacerbada da Princesa Isabel, tendo em vista a chamada "maldição dos Bragança", e sua preocupação quanto a gerar herdeiros.

maçônicos, com ênfase da *prevalência do Espírito sobre a Matéria*. Mas a nobre filosofia não trata da abnegação absoluta do plano físico. Pelo contrário, trata de como, a partir do trabalho que se faça sobre ele, concretize-se na humanidade certa transmutação deste plano para melhores patamares, utilizando principalmente os efeitos do aprimoramento moral das lideranças individuais, como veículo de uma transformação que resulte em uma sociedade mais abundante e próspera. Dentre as estratégias, os maçons não excluem a possibilidade nem se omitem de levantarem-se contra as tiranias, mas devem saber dosar as ações ordenadas, para que se deem estritamente em defesa da Liberdade, e reconhecendo que determinados excessos poderiam subverter a lógica da razão.

☙ ❧ ☙

A análise das circunstâncias pessoais da vida de D. Pedro II evidencia que, ao longo de seu reinado, não fora tirânico, e sim apresentara-se, exemplarmente, como um liberal e com elevado senso de responsabilidade, sobretudo, devido ao compromisso que firmara junto à nação brasileira, para bem representá-la, a partir da sua coroação. Em que pese este ato não tivesse respeitado o tempo da maioridade, a coroação pode ser considerada, na prática, como também tendo sido um golpe administrativo, no intuito de conferir estabilidade em meio às insurgências republicanas nas províncias no período regencial (décadas de 1830 e 1840). O justiçamento por meio do golpe militar "republicano" teria sido, portanto, apenas uma longeva e amargurada revanche de parte daquela sociedade oligárquica organizada e patriarcal do século XIX.

* * *

Ainda em desfavor a Pedro II, parte dos maçons da época não aceitavam o fato de que não possuía diretamente herdeiros homens. Havia perdido o primeiro e o quarto filhos meninos ainda na primeira infância (Dom Afonso Pedro [Figura 8], por epilepsia, aos dois anos; e Dom Pedro Afonso, antes de completar o primeiro ano [REZZUTTI, 2019])[19]. O jovem casal imperial pode ter manifestado, naquela ocasião,

---

[19] Para assistir um vídeo da lenda da maldição dos Bragança: < https://www.youtube.com/watch?v=aBousaKFm24>. Acesso: dez.2019.

vulnerabilidade às energias desajustadas de oscilação inferior[20], talvez reforçada pela desesperança e confusão de um enlace matrimonial arranjado por motivações meramente políticas e sem o concurso da boa aventurança, na medida em que não dispunham de livre arbítrio para tão importante escolha e decisão. Na figura 8 (a) se apresenta o retrato do príncipe Afonso Pedro em 1845, por Joseph Barandier, e na figura 8 (b), Pedro Afonso ao colo de Teresa Cristina de Duas-Sicílias, em 1850, junto com as irmãs, por Ferdinand Krumholz.

---

[20] Alusivo a manifestações de íncubos e súcubos, da tradição hebraica.

Figura 8: Afonso Pedro (Barandier) e Pedro Afonso (Krumholz).

Quanto à princesa Isabel, herdeira da coroa, poderia, com a sucessão, passar seus direitos dinásticos para seu filho, D. Luís, ou ainda, exercer o poder moderador sob risco da influência de seu marido francês, o Conde D´Eu[21]. Nos moldes daquela sociedade, tais circunstâncias familiares teriam favorecido a desesperança do jovem imperador em relação ao futuro do regime monárquico constitucional.

Corrobora também a metafísica desta ideia, o

---

[21] Após vencer a guerra do Paraguai, Duque de Caxias passou o comando para Conde D´Eu, na caçada a Solano Lopez. Neste episódio, houve o genocídio de crianças e mulheres no Paraguai, até a morte daquele ditador.

fato de Pedro II ter feito questão de repousar eternamente com um travesseiro feito com terras brasileiras. Na cerimônia de pompas fúnebres, Silveira Martins teria enviado uma coroa de flores para Paris, com os dizeres: "O maior de todos os Liberais".

* * *

Sobre a rivalidade entre Deodoro e Silveira Martins, ainda, vale mencionar que aquele conflito entre moral conservadora / liberal não guardava relação com a questão abolicionista, ou seja, com o fato de que os negros recém-libertos não tiveram nenhuma influência ou culpa naquela rivalidade. Devem sua liberdade ao 13 de maio de 1888 da Lei Áurea, em que atuaram diversos maçons abolicionistas. Dentre estes, menciona-se a ação de Antônio Frederico de Castro Alves (poeta Castro Alves), José Maria da Silva Paranhos (Visconde do Rio Branco), Joaquim Aurélio Barreto Nabuco de Araújo, entre outros. Existiram maçons abolicionistas mulatos e de origem negra, geralmente, com histórico de lutas e conquistas pessoais, que os fizeram tornar-se cidadãos influentes na sociedade, a exemplo de José Carlos do Patrocínio e do engenheiro André Rebouças que, em exílio, também cometeu ato contra a própria vida. A grande maioria dos negros não lutou efetivamente por sua libertação, e estavam ainda às margens da sociedade. Com a república, iniciaram sua caminhada política sem nenhum *norte*, completamente excluídos e reféns dos acontecimentos. São contradições que os maçons têm dificuldade de explicar e justificar até os dias atuais.

Dizer que a república foi proclamada por vingança da maçonaria como um todo contra a família imperial seria, portanto, uma generalização simplista e um equívoco sem precedentes. A Lei do Ventre Livre, por exemplo, que previa a transição lenta da inserção dos negros nas representações, de forma pacífica, foi assinada em 1871, ou seja, 18 anos antes da proclamação; e, para sua promulgação, houve a atuação decisiva do maçom Visconde do Rio Branco.

Na prática, os principais resultados com a proclamação da república foram a garantia da liberdade de expressão, e a separação da influência da Igreja no Estado, que até então ditava quais costumes e valores deveriam ser adotados. O Estado também não privou nenhuma filosofia religiosa de atuar, no sentido de conquistar novos adeptos. Até mesmo as crenças africanas puderam cultuar seus deuses livremente.

No entanto, é de conhecimento comum que os presidentes civis da República Velha, implementaram governos que, cada vez mais, defendiam interesses privados no âmbito de um liberalismo econômico clássico, e rancorosamente ressentido pela vigência da Lei Áurea, principalmente, por parte das oligarquias do café, em detrimento das demandas de classes sociais menos favorecidas. É legítima a crítica do maçom republicano Rui Barbosa, na qual estes empresários transformaram o Estado em um "balcão de negócios", não valorizando outros aspectos importantes para a população, como a educação, contaminando cada vez mais a atmosfera.

É premente a necessidade de conscientizar a sociedade sobre o fato de que o segundo reinado, não foi nem absolutista, nem autoritário, e que devemos gratidão à Dom Pedro II, por ter servido à nação, e por ter consolidado um país que, no século XIX, era tido como referência internacional quanto ao respeito pela coisa pública.

Parte dos republicanos demonstraram este reconhecimento. Como exemplo de consideração à família imperial, mesmo após o 15 de novembro, foi mantido o Hino Nacional do Império, que foi renomeado como o Hino da Independência do Brasil, homenageando a Liberdade. Já a melodia do Hino de Coroação de Pedro II, foi incorporada como introdução ao Hino Nacional. E, nas comemorações do centenário da Independência (1922), a parte instrumental da introdução do Hino Nacional brasileiro incorporou letra atribuída a Américo de Moura, presidente da província do Rio de Janeiro nos anos de 1879 e 1880. A melodia possuía anteriormente letra atribuída a Ovídio Saraiva de Carvalho (1831)[22].

---

[22] Informações de domínio público, vd. Enciclopédia livre.

<table>
<tr><td>

<u>*Introdução do Hino Nacional*</u>

*Espera o Brasil que todos
cumprais com o vosso dever
Eia! Avante, brasileiros!
Sempre avante*

*Gravai com Buril nos pátrios
anais o vosso poder
Eia! Avante, brasileiros!
Sempre avante*

*Servi o Brasil sem
esmorecer, com ânimo
audaz
Cumpri o dever na guerra e
na paz
À sombra da lei, à brisa
gentil
O lábaro erguei do belo
Brasil,
Eia! sus, oh, sus!*

</td><td>

<u>*Hino de Coroação à P.II*</u>

*Os bronzes da tirania
Já no Brasil não rouquejam;
Os monstros que o
escravizavam
Já entre nós não vicejam.
Arranquem-se aos nossos
filhos
Nomes, e idéias dos lusos...
Monstros que sempre em
traições
Nos envolveram confusos.
(estribilho)*

*Da Pátria o grito
Eis que se desata;
Desde o Amazonas
Até o Prata
Ferrões e grilhões e forcas
D'antemão se preparavam;
Mil planos de proscrição
As mãos dos monstros
gizavam [...]*

</td></tr>
</table>

* * *

Quanto ao pavilhão nacional, cujo verde e amarelo passaram a representar metafisicamente a terra, estas cores foram mantidas, sendo que antes do golpe simbolizavam as Casas de Bragança (Pedro I) e Habsburgo (Dona Leopoldina). Por curiosidade, o laço da bandeira representava a gravata adotada por maçons (Figura 9).

Figura 9: Bandeira do Império do *Brazil* pelo Ramo católico de Vassouras.

Segundo o escritor Laurentino Gomes, no livro *1889*, em capítulo específico destinado ao enaltecimento do Imperador Pedro II, é refrisado sua condição de homem erudito, preocupado com a ciência e a inovação, e conhecedor da cabala hebraica[23].

A liberdade política permitiu, a partir das manifestações de 2013 e por meio das redes sociais, o início da campanha restauracionista. A família imperial pelo Ramo de Vassouras, tem alertado a sociedade quanto a ameaça dos partidos de Esquerda e de um suposto ´ambientalismo

___

[23] Sobre os conhecimentos de D. Pedro II quanto à cabala hebraica: <https://www.youtube.com/watch?v=DRzFeeeg_d8> Acesso: jan. 2020.

pagão`, e, se posicionando em coalizão em favor do liberalismo econômico clássico. Não postulam ideias moderadas e demonstram publicamente um fanatismo no que se refere à manutenção de valores e costumes católicos.

Ainda em 1964, existiu a possibilidade de restauração da monarquia por parte dos próprios militares[24]. O convite fora recusado por Dom Pedro Henrique de Orleans e Bragança, bisneto de Pedro II, que acreditava que a Restauração da Monarquia Constitucional deveria ocorrer por aclamação do herdeiro imperial após referendo popular.

Não se deve crer, supostamente, que a sociedade precisasse se sentir ameaçada pelo movimento de Restauração, nem pela família imperial, pois até então suas aparições públicas estiveram ocorrendo para exercer influência sobre a opinião pública. Após a vitória da direita nas eleições de 2018, o que tem sido verificado, na prática, é um certo direcionamento de coalizão,

---

[24] Vídeo com informações detalhadas disponível em < https://www.youtube.com/watch?v=E8FIhg_Cyro&t=52s> Acesso: Dez. 2019.

entre forças políticas católicas e evangélicas –
justamente estes, os cristãos novos, que foram
forçados em tempos remotos, para a conversão ao
catolicismo, por Dom Manuel I.

É fato verificar, no entanto, que parte da
direita ainda se manifesta favorável a um certo
autoritarismo; este sim, que levaria à ruptura do
tecido social com reações adversas e imprevisíveis.
Mas estes setores, a princípio, não estão ligados à
Casa Imperial, que, desde 2013, teve se
manifestado favorável à democracia nas redes
sociais.

Sendo o povo o poder constituinte, uma
hipotética e eventual escalada de movimentações
reacionárias, mesmo que monarquistas,
reconciliadas com os reacionários
intervencionistas, favoráveis ao regime militar,
seria considerada uma ação de fato oportunista,
desmoralizadora até, e, que poderia colocar em
risco a vida humana de milhares de brasileiros e
brasileiras. Resultaria em total perda de
legitimidade aos intuitos de um movimento
restauracionista e verdadeiramente cristão.
Bastaria rememorá-los dos exemplos de Dom

Pedro II, Dona Isabel e Dom Pedro Henrique, que souberam demonstrar a nobreza necessária para a posição que ocuparam. Em havendo tal perversidade, restaria a obviedade de que o que eles teriam interesse em reconquistar, seria apenas o poder pelo poder, mesmo que por meio das forças armadas, e sem o apoio e a hegemonia pública.

> *[...] Era-lhe necessário, portanto, perturbar aquela ordem e desorganizar seus estados, para poder assenhorear-se com segurança de parte deles [...]*
>
> **Nicolau Maquiavel**

Φ

Aos Nobres em Espírito

Perdoe
Se perdoe
Sempre perdoe

Manifesto pela liberdade e pela divisão do Poder Executivo

Vivemos um período de consolidação da soberania popular. É necessário resgatar alguns aspectos históricos, em busca do entendimento do que seria o patriotismo brasileiro, pelo qual a Maçonaria tanto exerceu influência. À época da declaração da Independência em 1822, já havia uma classe pensante, imbuída da gênese do patriotismo que para os dias atuais precisa ser resgatado. Guatimozin[25] via-se pressionado a promover a liberdade administrativa do seu país. Pouco antes à declaração de Independência, houve, solenizada pelo "Dia do Fico", a decisão do príncipe regente em permanecer, contrariando diversas ordenações.

---

25 Guatimozin foi último Imperador Asteca, subjugado pela colonização espanhola em 1525. Faleceu jovem, aos 23 anos, após ser torturado ao não desistir de lutar pela liberdade de seu povo. Dom Pedro I escolhera este nome simbólico como seu nome maçom, por ocasião de sua Iniciação, pelo Rito Adonhiramita.

O modelo de monarquia parlamentarista instituído garantiu ao Imperador, o Poder Moderador constitucional, estabilidade para a região e consolidação do sentimento de unidade nacional. Ao desatar os laços coloniais, Dom Pedro I e a Maçonaria deram os primeiros passos, os mais importantes, em direção à Liberdade. É eterno nosso dever em refletir sobre a magnitude do dia 7 de setembro. Eterna como instituição, as Potências continuam exercendo o seu papel, a sua missão sagrada de constante vigilância, em busca de uma sociedade cada vez mais consciente de seus direitos e deveres, uma sociedade cada vez mais justa e cada vez mais fraterna.

* * *

Na capital da França existe um bairro chamado de Monte Parnaso, com um edifício do tipo arranha-céus com mais de 200 metros. Esta torre, que leva o mesmo nome do bairro, permite ao visitante experimentar toda a beleza da paisagem da cidade. De fato, o bairro é um ponto de encontro de artistas e intelectuais desde o século XVIII. Os franceses escolheram o nome para homenagear outro ponto turístico, agora na Grécia, o monte

Parnasso, uma montanha de pedra cujo cume atinge cerca de 2.500 metros, e que, segundo a mitologia, era uma das residências do deus Apolo e de suas nove musas, ícones da beleza.

Esta breve menção nos ensina sobre o significado do termo *parnasianismo*. É um adjetivo que caracteriza uma certa forma de escrita, mais rebuscada, adornada, cunhada por um grupo de poetas, que se distinguiu pelo esmero da forma levado, por vezes, ao excesso, para buscar a exaltação da Beleza.

A escrita ao estilo parnasiano foi utilizada no Brasil para enobrecer os nossos hinos. Existe uma sutil ligação entre o Hino Nacional, cuja letra foi composta por Joaquim Osório Duque Estrada (e musicado por Francisco Manuel da Silva), e o do Império (hoje Hino da Independência), com letra de Evaristo da Veiga, e composto pelo próprio D. Pedro I.

Ao simplificarmos a escrita, passamos a entender mais facilmente as interpretações feitas pelos autores do Hino Nacional, que caracterizaram as diferenças entre a República proclamada em 15 de novembro de 1889, em relação ao Império deposto.

Hino Nacional

[...] Ouviram do Ipiranga as margens plácidas
De um povo heroico o brado retumbante,
E o sol da liberdade, em raios fúlgidos,
Brilhou no céu da pátria nesse instante.
Se o <u>penhor</u> dessa Igualdade
Conseguimos conquistar com braço forte,
Em teu seio, ó liberdade,
Desafia o nosso peito a própria morte!
Ó Pátria amada,
Idolatrada, Salve! Salve! [...]

Hino do Império (Hino da Independência)

[...] Já podeis da Pátria filhos
Ver contente a Mãe gentil;
Já raiou a Liberdade
No Horizonte do Brasil
Já raiou a Liberdade
Já raiou a Liberdade
No Horizonte do Brasil [...]

* * *

Proclamada pela imposição militar, a República se consolidou ao controlar tanto os insurgentes da Revolta da Armada quanto os da Revolução Federalista, em uma guerra civil que custou a vida de muitos brasileiros. Estas análises serão sempre importantes para permitirem uma reflexão do posicionamento do cidadão para a realidade política e cultural dos dias atuais.

Na primeira parte do Hino, menciona-se que nas margens serenas do Ipiranga, no dia 7 de setembro de 1822, Sua Alteza Imperial Dom Pedro I afirmou com interesse inequívoco a independência do Brasil. Inspirado pelos anseios de *liberdade, igualdade e fraternidade,* e motivado pelo fato de ter sido aclamado Grão Mestre da maçonaria brasileira, Pedro I acreditava que a recente nação emancipada politicamente seria bem administrada no sistema parlamentarista.

A ideia do parlamentarismo monárquico pela instituição de um Poder Moderador foi desenvolvida pelo cientista político suíço Henri-Benjamin Constant de Rebecque (1767-1830), em 1819 em sua obra *Sobre a liberdade dos antigos comparada com a dos modernos* em que contrapunha a liberdade dos indivíduos em relação ao Estado (liberdade "de") da liberdade dos indivíduos "no" Estado (liberdade "em") (MORGAN, 2011).

Dom Pedro foi um monarca autoritário, mas com discurso liberal. Afirmava: "*Tudo farei para o povo, mas nada pelo povo*", neste interim, entendia que toda a ação do Chefe do Estado deveria ser tomada respeitando a Constituição.

Ao ser analisado o Hino da Independência, os filhos da Pátria são informados do poder que conquistaram com a Liberdade. Caracterizada simbolicamente em arquétipo de gênero feminino, que passou a garantir a liberdade de expressão e de imprensa e a livre iniciativa para os cidadãos no horizonte das terras brasileiras.

Simbolicamente, os imperiais optaram por representar a Liberdade na figura da filha de Zeus, a deusa grega *Athena*, protetora da sabedoria, das artes e da justiça, como na representação pelo pano de boca de Jean Baptiste Debret. Simbolicamente, ela defendia uma sociedade nobiliárquica, onde os títulos de nobreza poderiam ser conquistados por mérito ou por influência social, circunscrita ora à existência de correntes mais liberais (esquerda), ora a correntes mais conservadoras (direita) de cidadãos que, representados politicamente, discutiam as leis em um Estado oficialmente Católico Apostólico Romano (Figura 10[26]). Com efeito, percebe-se que a delineação feminina que

---

26Disponível em <https://pt.wikipedia.org/wiki/Jean-Baptiste_Debret#/media/Ficheiro:Debret35a.jpg> Acesso: nov. 2019.

representava a Liberdade no Império do Brasil era diferente da que lhe representava na perspectiva da Revolução Francesa, pois a sua personificação era simbolizada por outra mulher, *Marianne*, homenageada por pintores e escultores, como, por exemplo, na obra *A Liberdade guiando o Povo*, de Ferdinand Eugène Delacroix, de 1830 (Figura 11).

Figura 10: Alegoria da Liberdade após a Independência (Debret).

Figura 11: Quadro A Liberdade guiando o Povo (Delacroix).

Marianne geralmente aparece com um barrete frígio (uma touca vermelha) que, em análise simplificada, simboliza a loucura[27] ou o direito a não acreditar em um único Deus e, por isso, nos remete a um tipo de Liberdade não cerceada pelos valores de uma única Religião, mas que reconhece a existência de um princípio Criador, pelo qual se garante a todos os cidadãos a escolha de culto, mesmo que fora de Templos. É bom lembrar que, na época da Revolução

---

[27] Vide Elogio da Loucura, por Erasmo de Rotterdam.

Francesa, tanto a coroa absolutista quanto a Igreja exerciam um poder, muitas vezes, considerado tirânico pela população.

Há que diferenciar, ainda, que, no caso da Estátua da Liberdade - um presente da França para os Estados Unidos, em memória do centenário da Independência em 1886 -, fora projetada pelo escultor francês Frédéric Auguste Bartholdi, em outra referência feminina, à Deusa Romana *Libertas*. No caso brasileiro, por melhores que fossem as aspirações dos positivistas, seus ícones estavam longe de serem reconhecidos popularmente. O arquétipo de mulher que adquiriu importância crucial nos templos positivistas foi a nobre francesa *Clotilde de Vaux*[28], musa de Auguste Comte. A Virgem católica, alegoria da Igreja, tornou-se a Virgem-Mãe, simbolizando a Humanidade.

* * *

O Hino Nacional afirma que, pela ação dos militares, o Estado passou a penhorar a Igualdade. Define-se o termo "Penhor" como um objeto de

----

[28] Disponível em http://www.scielo.br/pdf/hcsm/v2n2/a06v2n2.pdf. Acesso dez.2019.

valor que se dá ou se toma para segurança de alguma dívida ou contrato. Fica claro, mesmo que de forma controversa, que **o valor Igualdade passou a ser ´emprestado`, do Império, para a República.**

Tais justificativas encontram entendimento ao reconhecer que, Dom Pedro II, em 1889, já em idade avançada, desfrutava de ampla respeitabilidade, e o risco de manifestar-se contrariamente ao golpe poderia provocar no povo uma reação divergente aos interesses dos militares, que tinham como objetivo depor o primeiro ministro Visconde do Ouro Preto, mas o movimento transformou-se em ato oficial pela queda da monarquia, impondo-se, ao Imperador, a expulsão às pressas do país.

No Decreto Federal n. 1 de 15 de novembro de 1889, assinado por Marechal Deodoro da Fonseca, ficou prevista a realização de uma consulta à sociedade sobre a aprovação do sistema republicano. Tal consulta veio a se concretizar após longos 104 anos, por meio do plebiscito em 1993.

<blockquote>
"Sendo a República Federativa brasileira a forma de governo proclamada, o Governo Provisório não reconhece nem reconhecerá nenhum Governo local contrário à forma republicana, aguardando, como lhe cumpre, o pronunciamento definitivo do voto da Nação, livremente expressado pelo sufrágio popular (art. 7º, **Brasil**, 1889[29])".
</blockquote>

Existe uma curiosa afirmação, contida no Hino Nacional: *O seio da Liberdade desafia nosso peito à própria morte.* Afinal, sobre qual dama os autores republicanos fizeram a menção? Caso fosse a que representasse a Liberdade Imperial (Athena), estariam estes aludindo uma possível reclamação pela Restauração da monarquia?

O termo *Res publica* (em grego, *Politeia)* proposto por Platão e posteriormente por Aristóteles, ainda na Grécia antiga, conceituava que o melhor sistema político seria aquele em que os governantes trabalhassem pelo interesse de todos. No Brasil, a primeira república foi

---

[29] Decreto federal n. 1 de 1889, disponível em <http://www.planalto.gov.br/ccivil_03/decreto/1851-1899/D0001.htm> Acesso em jan. 2020.

implantada em um ambiente que beneficiou, principalmente, as oligarquias econômicas da época, se deixando de lado, a responsabilidade e a *dívida social*[30].

Quanto ao grão-mestre da maçonaria gaúcha, o Senador Silveira Martins, após a proclamação, passou um ano exilado em Portugal e, percebendo a apatia da Princesa Isabel em organizar-se para retomar o poder, retornou para o Rio Grande do Sul, propondo a implantação do parlamentarismo republicano. Apesar de pacifista, sua influência na região Sul acabou por deflagrar a Revolução Federalista, entre os anos de 1893 e 1895, tendo sido comandada pelo Coronel Gumercindo Saraiva, o líder dos Federalistas, ou Maragatos.

Há os que dizem que os federalistas almejavam a Restauração. Alguns defendem que queriam a separação, como haviam feito os Farrapos, antes da assinatura da pacificação dada pelo Tratado do Poncho Verde, décadas antes.

---

[30] Dívida social: termo que se baseia no pressuposto ético de que cada cidadão deveria ter suas necessidades básicas minimamente garantidas pelo poder público.

Para uma ilustração, o filme *O preço da Paz*[31], dirigido por Paulo Morelli, aborda esta questão, bem como o desfecho no episódio do Cerco da Lapa[32] e o fuzilamento do Barão do Cerro Azul, defensor de Curitiba. Outra obra que retrata de forma interessante o período é a série de livros de *O tempo e o vento*, de Erico Veríssimo. Uma das grandes curiosidades daquela narrativa foi ter colocado a terceira geração do clã "Terra - Cambará" do lado dos Legalistas que, na segunda, geração haviam ficado do lado dos Farrapos.

É mais provável que os maragatos quisessem o parlamentarismo republicano e não o monárquico, pois: i) não conseguiram estabelecer uma aliança na Ilha de Nossa Senhora do Desterro (atual Florianópolis - SC), com os militares da marinha imperial, liderados pelo Almirante Saldanha da Gama, e que travaram as batalhas da segunda Revolta da Armada (pois a Marinha era

---

[31] Trailer de O preço da Paz: <https://www.youtube.com/watch?v=KmkVuHOUON0> Acesso em: jan. 2020.

[32] Sobre o Cerco da Lapa: <http://www.gazetadopovo.com.br/caderno-g/os-120-anos-do-cerco-da-lapa-e-o-preco-da-consolidacao-da-republica-eflmd8w3eas63w7358lep5jke> Acesso em: jan. 2020.

fiel ao Império); ii) Silveira Martins, líder federalista e desafeto de Deodoro, fora supostamente cogitado para substituir o Visconde do Ouro Preto, deposto pela quartelada do XV de Novembro. Teria, então, interesse em assumir como Presidente ou Primeiro Ministro.

Do outro lado, havia os Legalistas, ou Pica Paus, que defendiam o presidente Floriano Peixoto e a legitimidade da ditadura[33]. O escritor Lima Barreto, autor de *Triste fim de Policarpo Quaresma*[34], apresenta uma obra que minimiza a culpa dos Pica Paus, vez que o herói patriota Major Policarpo, ao liderar e vencer a Armada Imperial nas batalhas do Rio de Janeiro, se recusou a entregar os prisioneiros para fuzilamento, pois entendia que todos eram igualmente brasileiros, tendo respondido com a própria vida como traidor da Pátria.

---

[33] Para entender melhor o episódio, é preciso lembrar que o governo de Deodoro durou apenas nove meses, tendo renunciado em meio à crise econômica e política instalada. O vice Mal. Floriano Peixoto, ao assumir, não cedeu às pressões das organizações que não estavam satisfeitas com o novo regime, e consolidou o golpe.

[34] Policarpo Quaresma, Herói do Brasil: <https://www.youtube.com/watch?v=mSSTpFHl3J0> Acesso em: jan. 2020.

Se Pedro II caiu, porque dispunha de mais poder que deveria ter? Veja: ao não se dispor de informações suficientes para indicar o novo chefe de gabinete, uma de suas atribuições constitucionais, agiu de forma reativa para o cargo de chefe de Estado, e sem o tempo necessário para a devida reflexão, tendo pagado o elevado preço da destituição. Então, sim, tinha mais poder que deveria, mesmo que não ao ponto de ser considerado um déspota.

* * *

Tendo como preferível o parlamentarismo em relação ao presidencialismo, caberia ao Chefe de Estado, consultando a opinião popular, ratificar a escolha do Chefe de Governo (1º Ministro). O paradigma que deveria dividir os partidos deveria ser quanto à adoção deste sistema, tendo em vista que aumentaria signitivamente a responsabilidade das Assembleias. E esse é um caminho que a democracia brasileira deverá progredir mais cedo ou mais tarde, inexoravelmente, a partir de seu amadurecimento.

Para o século XXI, a ideia do sistema parlamentarista na república já está amplamente comprovada como sendo melhor em relação ao presidencialismo. O melhor exemplo para os dias atuais é o da Alemanha, líder na União Europeia (UE), embora para o caso brasileiro, o modelo francês, - o semipresidencialismo -, seja o mais adequado, por meio da escolha do Primeiro-Ministro, por indicação do presidente eleito. Já no parlamentarismo, a eleição do primeiro-ministro ocorre pelas casas legislativas, que passa a atuar como chefe do Poder Executivo. Ou seja, o primeiro-ministro é uma espécie de "síndico" e só atua porque possui base política para desenvolver seu programa de governo. Uma vez que perca o apoio, perde o mandato e imediatamente são convocadas novas eleições, sem prejudicar a estabilidade política.

No parlamentarismo, o presidente pode ser eleito pelo povo, ou ainda, pelas câmaras (a depender da modalidade, atuando como o Chefe de Estado. Tem funções distintas, como: i) defender a Constituição e o interesse público; ii) comandar como chefe supremo as forças armadas; iii) representar internacionalmente a nação; iv) incentivar a discussão da sociedade sobre questões de ordem. Em suma, deve ser uma personalidade que representa as mais elevadas virtudes humanas, reconhecida como de exemplar e ilibada conduta pessoal e moral.

Um presidente com funções parlamentaristas ou semipresidencialistas, seria indispensável para influenciar bons valores e costumes, considerando a nossa sociedade bastante desigual, e que precisa de referências. E aqui não se trata de valores religiosos, e sim ao respeito à coisa pública, à justiça social, mas, sobretudo, à Constituição de 1988, pedra fundamental da cidadania e da democracia.

* * *

Com a tomada das ruas pelas massas, em 2013, indignada pela corrupção instaurada por cleptocracias, tem havido um crescente interesse do povo pela sua história e pelo resgate de seus valores morais e cívicos. É dever de todo cidadão, em seu universo de influência, defender os mais nobres valores para favorecer o bem-estar humano e um progresso com igualdade de oportunidades.

Em um período breve da história republicana, foi implantado o parlamentarismo, visando proteger a propriedade privada, e tirando o poder Executivo do presidente, João Belchior Marques Goulart, que assumira entre 1961 a 1964. Era vice do maçom Jânio da Silva Quadros, um presidente populista que renunciou por questões adversas, dada a pressão da sociedade organizada ao criticá-lo por conceder à revelia a comenda da Ordem do Cruzeiro do Sul ao revolucionário Che Guevara. O carismático político mineiro Tancredo Neves atuou como primeiro-ministro na ocasião. Contudo, o sistema não teve tempo de se consolidar devido à intervenção militar de 1964.

Após a reabertura política e por ocasião do plebiscito de 1993, em uma campanha midiática que manipulou a opinião pública em desfavor ao parlamentarismo, o modelo acabou não sendo ratificado. Para os dias atuais, a aprovação de um projeto de lei neste sentido teria que contar com a aprovação popular por meio de um referendo. A probabilidade de que o povo ainda não esteja consciente deste sistema político faz com que exista grande probabilidade de ser rejeitado novamente, existindo o risco de se perder outra chance de colocar, de fato, o país nos rumos da ordem e do progresso, reconciliando o passado.

O sistema presidencialista já provou ser muito perigoso, principalmente por conta da ação de partidos que visam apenas se perpetuarem no poder manipulando a opinião pública. Dentro desta perspectiva, a sociedade se tornou refém da decadência moral e política, à custa da corrupção e da ação dos governantes.

A quartelada de 1889 profanou a biografia e o nome de D. Pedro II, um senhor liberal que muito bem representou o interesse público. Tal foi a traição que os frutos do justiçamento militar fizeram alimentar a desesperança de uma sociedade cada vez mais influenciável pela doutrina de aparelhamento do Estado, ou, de líderes populistas reacionários. Deixar de refletir sobre as questões abordadas é permitir ser cúmplice de uma história que não termina bem.

Simbolicamente, muitos governantes entendem que a República brasileira deva continuar sendo uma eterna pedra bruta. Muitos não querem compreender que pedras polidas, ao terem sido lapidadas, passaram a incorporar outras virtudes. Pontos cruciais da reforma política como voto distrital, *recall* político, reforma fiscal e do sistema federalista, entre outros, começam a ecoar nos recantos do território, ainda mais com a disponibilidade de mídias digitais, que revolucionaram a comunicação. Estas discussões são a chave para sublimar o discurso de rivalidade e disputa entre classes sociais, que não resulta em reconciliação e aperfeiçoamento.

É preciso resgatar a sensação de que vale a pena acreditar nas instituições públicas. E este caminho passará pela implantação do parlamentarismo, ou mesmo, do semi-presidencialismo, de forma a garantir que o verdadeiro sentido do interesse público prevaleça e se perpetue na sociedade.

Áurea democracia

O obscurantismo permeira o alvorecer,
Incide-se nas trevas da ganância e do
autoritarismo
Exaure as energias, impedem o iluminismo

Não sejamos isentos.
Não sigamos aos materialistas de plantão.
Sigamos pela humanidade, pela solução!

Sigamos para ver florescer
Um verdadeiro sentido para a brasilidade cultural
O sentido da Liberdade social,

Inspiremo-nos por clássicos romanos
Intentos que, em tempo, lapidam nossa virtú
Força, temperança, prudência e justiça

φ

TOMO

II

Conservadorismo Cristão e Conservacionismo Ambiental

Conhecido como *Deep Ecology* ou Ecologia Profunda[35], este termo representa um tipo de ambientalismo ateu, e que foi endossado por algumas organizações internacionais. Convém obtemperar um aprofundamento da questão da Ética Ambiental, com o intuito de demonstrar aos leitores, que o tema da Sustentabilidade, pode ser apropriado para diversas visões de mundo, uma vez que parte deste movimento, pretende o decrescimento econômico e populacional, obviamente, o contrário do que se propõe com o nosso desenvolvimento sustentável reconhecido constitucionalmente, que visa equilibrar a ação humana com a natureza. Portanto, vejamos:

---

[35] Vide ensaios do filósofo Arn Naess, cofundador do Partido Verde norueguês e da organização Green Peace, bem como, do economista romeno Georgescu Roegen, que apresentou a tese da entropia.

> *São duas as proposições do movimento da Ecologia Profunda: (i) O florescimento da vida humana e de suas culturas são compatíveis com o substancial decrescimento da população humana. (ii) O florescimento da vida não humana requer o decrescimento (populacional humano); [...] Defendo uma proposição mais radical à proposição inicial: (iii) O florescimento da vida humana requer que a população humana seja substancialmente menor que a presente.*
>
> **Arn Naess**

O ideal da Ecologia Profunda ao ser ecocêntrico, para os políticos, passou a ser, na prática, um ideal anti-antropocêntrico, em que apregoam o decrescimento econômico e, de preferência, com a diminuição populacional global, em países em expansão, como o caso do Brasil. Esta epistemologia inspirou-se em valores gandhistas[36] (como o veganismo e a luta sem violência), porém, abarcando argumentos que defendem o igualitarismo entre os reinos mineral, vegetal, animal e hominal, vindo a influenciar muitos países a partir da Noruega, inclusive a

---

[36] Alusivo à Mahatma Gandhi.

China e a própria Índia, com seus bilhões de habitantes. Para Drengson (2008), são oito os princípios da Ecologia Profunda, a saber:

- *Todos os seres vivos possuem valor intrínseco;*
- *A riqueza e a diversidade da vida possuem valor intrínseco;*
- *Exceto para satisfazer as necessidades vitais, os humanos não possuem o direito de reduzirem a riqueza e a diversidade biológica;*
- *Seria melhor para os humanos se tivessem menos deles, e muito melhor para as outras criaturas;*
- *Atualmente a extensão e natureza da interferência humana nos vários ecossistemas não são sustentáveis, e a insustentabilidade está aumentando;*
- *Melhorias decisivas requerem mudanças consideráveis: sociais, econômicas, tecnológicas e ideológicas;*
- *Uma mudança ideológica poderia essencialmente implicar a busca de melhor qualidade de vida ao invés de aumentar o padrão de vida;*
- *Aqueles que aceitarem os pontos supracitados são responsáveis por tentar contribuir diretamente ou indiretamente para as mudanças necessárias.*

O movimento da Ecologia Profunda foi proposto na Noruega, e reconhecido por culturas com elevado nível de equidade socioeconômica e com acesso amplo a tecnologias e bens materiais. Seria, portanto, normal que estes povos se sentissem melhores em relação aos outros. No mínimo, um dilema existe aí, ao sugerirem que outros povos devessem aceitar padrões sociais e ambientais ditados externamente, sobretudo, para serem adotados por cidadãos dos países emergentes, que possuem valores e expectativas de vida completamente distintos. O nível de convencimento é exercido por meio das discussões no âmbito das conferências internacionais, onde os compromissos são firmados. A questão se resume em quais valores os governos nacionais estariam internalizando via políticas públicas e em programas educacionais.

Mas o que preocupa mesmo são os padrões a serem reconhecidos no Brasil, especialmente, para a classe que representa o fiel da balança da democracia. Ou seja, são os cidadãos da <u>classe média</u> que tendem a respeitar tanto os concidadãos abaixo quanto os acima de sua faixa econômica, ao ponto em que também sabem diferenciar os limites entre ambicionar uma vida melhor, mas sem adentrarem nas contravenções e ilícitos que somente a ganância exacerbada os permitiria. Estes valores são aprendidos em casa, e não necessariamente nas escolas. Daí a importância em se reconhecer os valores culturais e espirituais de uma sociedade. A classe média tende a ser representada pelas pessoas que mais têm esperança no presente e no futuro, e, caso estejam bem orientadas ou esclarecidas, poderão resistir a toda a sorte das influências das guerras de desinformação, sustentando uma opinião pública moderadora.

Os cidadãos das classes economicamente menos favorecidas, reféns das dificuldades inerentes às desigualdades, e do populismo que sacia apenas as necessidades primárias, permanecem desatendidos das políticas educacionais iluministas, enquanto os mais ricos, prendem-se aos vícios do materialismo sem esforço. Não existem atalhos para a conquista permanente de um Estado cada vez mais eficiente, que não passem necessariamente pela *educação* de qualidade em todos os *níveis*.

A boa fundamentação na espiritualidade

cristã (pelas disciplinas de *trivium* e *quadrivium* [ABELSON, 1906]) seria indispensável no processo de incorporação dos compromissos ambientais, pois garantiria a formação humanística de cidadãos pensantes, independentes, criativos e equilibrados o suficiente para discernirem sobre os temas, e sobre o bom cumprimento das leis em uma democracia. É essa a visão *elevada* do que se poderia esperar do desenvolvimento sustentável aqui no Brasil. Nenhuma governança internacional teria o poder de nos impedir disto, ao influenciarem estratégias indiretas visando à diminuição populacional, inclusive aquelas que incentivam o aborto ou a destruição das famílias. Esta vigilância também se aplica aos obscurantistas das *gerações passadas*, adeptos do *politicamente incorreto*. Crêem que estão acima da lei.

> *[...] O sentido daqueles direitos não era outro a não ser tirar as almas humanas de sua servidão interna e proclamar dentro delas certa consciência de senhorio e dignidade. Não era isso que queriam? Que o homem médio se sentisse amo, dono, senhor de si mesmo e da sua vida? Já foi conquistado. [...] Então não estranhem que ele aja por si mesmo, que reclame todos os prazeres, que imponha decidido sua vontade, que se*

* * *

Em coalizão e evocando o direito natural para alcançarem o poder, mesmo que minando as conquistas advindas da constituição, Bragança (2012), tomou posição contrária em relação aos compromissos do desenvolvimento sustentável, tendo publicado um livro criticando este paradigma, cunhando o termo *Psicose Ambientalista*, e contrapondo-se por antecipação, à encíclica *Laudato Si* (vd. VIEIRA, 2016), do Papa Francisco, exortada pela instituição que lhe garantiria este suposto direito. Ressentimento e contradição que encontra justificativa como sendo uma espécie de defesa contra a influência da *teologia da libertação*, verificada em parte da diocese no Vaticano e das representações episcopais, em países cuja religião católica seja predominante.

* * *

É incontestável que, desde a redemocratização nos anos de 1980, passou a existir muita influência da grande mídia para incutir nas massas a relativização das questões morais, integrando temas sociais e ambientais a uma mesma agenda.

No que se refere à ética ambiental, especialmente a que está vigente na Carta de 1988, passou a ser contestada pelo contraditório social. Qual seria a episteme que a sociedade estaria disposta a reconhecer e implantar, nas questões da sustentabilidade florestal e ambiental, reconhecendo a relevância destes temas, ao abrangerem múltiplas interpretações?

* * *

Pergunta-se se a *restauração* da monarquia parlamentar não poderia ser uma boa para o Brasil, considerando a vertiginosa divulgação e ascensão deste movimento em redes sociais e nas mídias alternativas, quando as ruas foram tomadas pelos cidadãos indignados com a corrupção desenfreada favorecida pelo modelo republicano. A princípio seria positivo, pois dar voz a estes segmentos poderia favorecer a reflexão e a ligação da sociedade a um passado histórico, onde o Imperador Dom Pedro II inspirava os melhores sentidos do interesse público e do bem comum.

É preciso observar as ponderações seguintes. O Brasil é considerado como um dos países mais importantes na agenda do clima, em que pese nem sempre as pessoas compreendam a relevância deste fato. Ainda mais quando esta *nova* direita – defensora de uma moral e bons costumes aliada ao liberalismo econômico, e, ansiosa por ver os corruptos na cadeia, acusa a esquerda de utilizar-se do tema da sustentabilidade para objetivos sinistros. Uma dinâmica que se fundamenta em um velho *landmark* – no qual os republicanos do final do século XIX ensejaram implantar um progresso economicamente liberal em espelho à República dos Estados Unidos da América, e a partir da fundação de um Estado laico[37] contraditoriamente centralizador, e mantendo o paradigma da direita conservadora e da esquerda liberal em costumes. Com o tempo, houve o

---

[37] Interpretando laicismo como uma qualidade de Estado, em contraponto a ateísmo, uma qualidade do indivíduo que disponha de liberdades plenas.

afloramento de uma esquerda em espectros políticos diversos, com embasamento progressista, trabalhista, neoclássico etc, mas, sobretudo, socialista e com tendências ao autoritarismo, sempre demostrando um nível de intensidade ao modelo republicano soviético (da época da União das Repúblicas Socialistas Soviéticas - URSS).

Crer cegamente que exista um movimento comunista por meio da sustentabilidade e do ambientalismo é uma *meia verdade* produzida pelo sistema de *presidencialismo de coalizão*, e que não agrega muito aos próprios objetivos de um progresso com justiça social. Explica-se: com a criação da república também se buscou, paulatinamente, a valorização de uma sociedade bastante liberal em costumes. Esta transformação, embora tenha ocorrido gradualmente, não deixou de evoluir hábitos que se contrapuseram ao conservadorismo católico que existia na época da monarquia.

* * *

No caso da Escandinávia (Noruega, Finlândia, Suécia, Dinamarca etc.), verificam-se nações monárquicas, mas fundamentadas em doutrinas influenciadas por outra vertente do cristianismo, neste caso, o protestantismo, e que permitiu o desenvolvimento da liberdade de expressão com motivações muito diferentes das do caso brasileiro, sendo que o conceito de equidade de direitos e deveres entre diferentes segmentos sociais parece estar consolidado.

Em comparação ao Brasil, moldado por costumes autoritários, historicamente, as lideranças políticas de esquerda e de direita, empenham-se em resguardar patriarcados *maquiavélicos* de poder pelo poder. No caso da direita, tais grupos acusam os marxistas culturais a utilizarem-se da agenda da igualdade, em que o tema da sustentabilidade está interligado, associando o conceito à questão da ideologia de gênero. Esta discussão não se encontra equalizada no subconsciente coletivo nacional quando uma parte da esquerda busca desconstruir valores ligados à hombridade, ao passo em que certa parte da direita, mais egoísta, autoritária e revanchista, é resiliente em lapidar os atributos da *nobreza de caráter*.

Consolidou-se no país a crise do paradigma

da esquerda e da direita republicana, ambas representando o politicamente incorreto em costumes[38]. Na prática, o que tem sido verificado no Brasil é a ascensão de uma nova "direita" que valoriza um conservadorismo relativizado pelos interesses de poder, e em um liberalismo econômico *selvagem*, avesso aos compromissos do Estado junto a Organização das Nações Unidas (ONU), tida como a Nova Ordem Mundial, ao qual acusam de artífices de um "politicamente correto".

Ao se refletir sobre o radicalismo pelo qual vem sido acusado o movimento ambientalista internacional, face aos valores do movimento conservador, algumas informações precisam ser apresentadas para que se possa elaborar uma comparação sobre a realidade da Europa e a que ocorre no "novo mundo" representado pelo caso brasileiro. Sendo um país com diferentes regiões, e cada uma com realidades completamente distintas, o processo de desenvolvimento social do Brasil culminou com a consolidação de um sistema

---

[38] [...] pela chave hermenêutica do cristianismo.

político bastante centralizado na capital da República, em Brasília.

Comparativamente, é como se o governo nacional equivalesse à União Europeia (UE), e os estados da Federação, aos países daquele continente. A visão da sustentabilidade que UE e a ONU impõem no continente, de certa forma, já existe consolidada no Brasil, pois, no que se refere às políticas ambientais, a Constituição Federal apresenta-se como um sistema hierarquizado, restringindo bastante o poder dos estados para descentralizarem as políticas ambientais.

É importante verificar que a pressão que a ONU faz para que as metas do milênio[39] na Europa sejam aplicadas; é tão efetiva quanto a pressão que a comunidade internacional também exerce no Brasil, no momento em que o país também congrega esta Organização. Tal constatação demonstra a seriedade com que países da UE vêm lidando com a temática do *desenvolvimento sustentável.*

Pelo ponto de vista de um cidadão brasileiro,

---

[39] Vd. <https://nacoesunidas.org/pos2015/> Acesso. Dez. 2019.

no entanto, existirá sempre muita ressalva sobre as boas intenções do poder público, tanto localmente, quanto nacional e internacionalmente. Tal desconfiança encontra justificativa em uma sociedade onde, por muito tempo, a corrupção tornou-se a regra geral.

* * *

Para uma melhor compreensão sobre as relações existentes entre *conservadorismo cristão* e *conservacionismo ambiental*, é preciso retornar para as origens do ambientalismo.

Os povos germânicos são conhecidos como os primeiros a terem se preocupado com a perpetuidade dos recursos florestais. Atribui-se a primeira menção ao termo "desenvolvimento sustentado" a Hanns Carl von Carlowitz, em seu livro sobre *Sylvicultura oeconomica*, de 1713.

Todos nós nascemos ambientalistas, em maior ou menor grau. A questão, então, seria escolher um patrono para o ambientalismo, levando em conta o impacto com que sua obra possa ter causado na Humanidade, na construção de unanimidades e consensos. Sem dúvidas, o americano Aldo Leopold deve ser considerado um dos mais relevantes expoentes.

> *"[…] um dia aprenderemos a reconhecer: que pão e beleza crescem juntos. Sua integração harmoniosa pode tornar a agricultura não apenas um negócio, mas uma arte; a terra não apenas uma fábrica de alimentos, mas um instrumento de auto expressão, sobre o qual [o homem/a humanidade] pode tocar música de sua própria escolha".*
>
> **Aldo Leopold** *(1933)*

Leopold criticou a lógica da ganância e da sociedade consumista e com nível insuficiente de consciência ambiental, na época da grande depressão econômica. Foi engenheiro florestal, professor e naturalista, sendo considerado atualmente um dos patriarcas da ética ambiental.

Aldo Leopold, também descreveu nos anos 1930, de forma poética, como se davam as interações de equilíbrio ecológico nas florestas de Wisconsin, além de ter pesquisado meios para o manejo da fauna e da restauração florestal, tendo seu trabalho ficado conhecido como A Ética da Terra (*The Land Ethic*), reverenciado e reconhecido internacionalmente.

Outra epistemologia ambiental, influente na

década de 1970 e 1980, foi a do físico austríaco Fritjof Capra, que se inspirou nas doutrinas espiritualistas orientais e criticou o paradigma da linearidade cartesiana e reducionista. Capra obteve amplo reconhecimento europeu e mundial, especialmente quando seu livro *O ponto de Mutação* foi produzido cinematograficamente. Tratou-se de um ambientalismo espiritualizado, que reconheceu a ligação dos humanos com o meio natural, *sistemicamente*, mas que defendeu, a partir da economia de mercado, a conscientização da sociedade para a adoção de padrões de consumo menos agressivos e de menor impacto ambiental.

> *"A concepção sistêmica vê o mundo em termos de relações e de integração. Os sistemas são totalidades integradas, cujas propriedades não podem ser reduzidas às de unidades menores."*
> **Capra (1982)**

Na mesma linha, o escritor inglês, Roger Scruton, defende o resgate da valorização cultural da *beleza*. Ambos ressaltaram o respeito e o amor ao lar e aos recursos naturais, com base nas tradições judaico-cristã e greco-romana, respectivamente.

> *"[…] Esse, parece-me, é o objetivo buscado por um ambientalismo e um conservadorismo sérios, a saber, o lar, o lugar onde nos encontramos, o lugar que nos define, que gerenciamos para nossos descendentes e que não queremos estragar. […]."*
>
> **Roger Scruton**

Em comparação, à *ética biocêntrica* e igualitarista conhecida como *ecologia profunda*, do filósofo norueguês Arne Næss que, a partir da crise ambiental da segunda metade do século XX, influenciou significativamente os países escandinavos e, posteriormente, na Europa, onde também, boa parte da população declara-se ateísta. Tais influências poderiam justificar, também, a *culpa social* que as agremiações protestantes (de base luterana principalmente), por vezes, manifestam em relação ao antropocentrismo.

* * *

Existe certa coalizão entre duas distintas ideologias, a ecologia profunda e o socialismo, na exata medida em que a visão ecocêntrica de determinados segmentos políticos possa ser utilizada como argumentação em narrativas contrárias, justamente aqueles que defendem a esperança no Antropoceno e na livre iniciativa. Mas este ambientalismo radical não precisa ser a visão hegemônica, principalmente, se os conservadores se conscientizarem da importância da sustentabilidade ambiental.

Por mais que conceitos como o da visão sistêmica e a holística tenham sido aceitas pelos mais diversos ambientalistas, existirão outros valores em que não existem consensos. Portanto, quaisquer posturas governamentais mais extremadas ao liberalismo econômico e que se valham de justificativas por conta de um ambientalismo genérico ecocêntrico, serão sempre precipitados e defenderão apenas o populismo à direita. Serão inspiradas em um pseudo conservadorismo e calcadas em preconceitos quanto ao conservacionismo ambiental inteligente. Seriam, na prática, condenáveis e utilizadas pela oposição justamente para justificar as críticas para a parte egoísta da sociedade.

No Brasil, em que pese a população esteja acostumada a prestar atenção apenas nas estrelas do futebol, da música e do carnaval, nota-se que, inconscientemente, tais catarses coletivas também têm sido verificadas, haja vista a liberdade de imprensa e o sucesso da operação Lava Jato e outras, para o combate à corrupção, que tem demonstrado resultados promissores para a conscientização da população em geral, para o amadurecimento da democracia, e visando garantir a *eficiência do Estado.*

* * *

Uma real preocupação, para quem acredita no desenvolvimento sustentável, é que, com o tempo, a tomada de força por esta nova direita possa resultar em problemáticas decorrentes do liberalismo econômico, já verificadas em passados distantes e, mais especificamente, relacionadas à crise ambiental, que no Brasil resume-se fortemente, na ausência do Estado em regiões de difícil acesso, nas chamadas terras públicas devolutas, onde a ineficiência e o descontrole da governança, sobretudo para a regularização fundiária da terra, favorece o roubo de madeiras em localidades sem domínio consolidado.

Uma das grandes conquistas verificadas na

Constituição Federal brasileira de 1988 – Carta que reconheceu o direito de propriedade privada como uma garantia fundamental[40] - foi o estabelecimento, de forma objetiva, da política ambiental como um compromisso de Estado (art. 225); e a hipótese de criação de uma nova constituinte revanchista poderia representar o risco de um grande retrocesso ambiental em nome da descentralização. Tais constatações são demonstrações de que a sociedade brasileira ainda está bastante resiliente em aceitar um paradigma, o de que empresas e governos, ao primarem pela eficiência, não possam trabalhar juntos em prol de objetivos edificantes. Como resultado geral, verifica-se a descrença na Economia Ambiental (**CONSTANZA** *et al.*, 1991), e pouco compromisso da iniciativa privada em desenvolver inovações tecnológicas, a partir da gigantesca riqueza de recursos naturais existentes.

Ao não restringir estes pensamentos apenas para as mesas acadêmicas, e aceitando que os temas da sustentabilidade ambiental giram

---

[40] Dos Direitos e Garantias Fundamentais (art 5º.).

perifericamente aos temas da macroeconomia, da cultura e dos direitos sociais, os liberais clássicos hão de aceitar que para se considerar uma ética ambiental conservadora, dois pressupostos são inalienáveis. Primeiramente, o reconhecimento de que a economicidade do uso responsável das florestas naturais apresenta-se, na prática, em desigualdade de condições com outros usos do solo, devido ao ciclo dilatado de produção. E, ainda, que caberá sempre aos proprietários rurais, a principal tutela da conservação destes recursos. Em outras palavras, a livre iniciativa precisará levar em conta fatores como não somente o amor pela terra, mas em favor do interesse público, o cumprimento das legislações com ênfase ao direito de propriedade, e a participação em programas de fomento e de conscientização, além da integração das estratégias, para o fornecimento e pagamento dos serviços ambientais ao longo do tempo.

Atualmente, no Brasil, existem duas políticas nacionais que precisam atuar integradas para alcançarem objetivos em comum. A primeira, sancionada ainda no início da década de 1980, diz respeito ao comando e controle governamental para o monitoramento dos impactos ambientais das atividades poluidoras, e que ratificou o Princípio do Poluidor-Pagador (PPP[41]). E a segunda, de 2009, trata das mudanças climáticas, tendo legalizado e internalizado o Princípio da Precaução[42]. Sendo ambas as leis federais, elas são complementares entre si. Já a Constituição brasileira de 1988, superior às duas políticas públicas, apresentou como fundamentação maior, a defesa do meio ambiente ecologicamente equilibrado[43], em um paradigma cuja humanidade disponha da responsabilidade ambiental, isto é, em reconhecimento à *ética da terra*, em prevalência à *ecologia profunda*.

* * *

Vejamos, então, se os desafios para lidar com a crise ambiental, podem ser usados para criticar os casos dos gases por queimadas na Amazônia. A floresta tropical úmida está assim condicionada, e,

---

[41] Art. 4º, inciso VII, PNMA, lei federal n. 6.938 de 1981.

[42] Art. 3º, PNMC, lei federal n. 12.187 de 2009.

[43] Art. 225, sendo o meio ambiente um <u>bem</u> de uso comum do povo, cabendo para cada tipo de recurso natural, a tutela de regulamentação quanto ao direito de propriedade e uso.

portanto, naturalmente protegida do fogo, que ocorre por ação dos raios. Este paralelo comparado aos *cases* dos grandes centros industrializados, indicam facilmente que as situações são distintas. Queimadas apresentam como origem a causa humana na maioria das vezes. E, neste caso, a fumaça e demais gases são a resultante de uso de fogo para a limpeza de resíduos florestais em áreas a serem utilizadas para a produção agrícola.

Qual real culpa teriam os pequenos agricultores agropecuaristas, e mesmo os de subsistência e as comunidades indígenas? Usam o fogo na limpeza de resíduos florestais por que ali anteriormente existia floresta, não é óbvio? Isto é, o fogo é uma consequencia secundária do desmatamento, este sim, o *fato social*[44]. Como fazer com que as queimas prescritas também fossem uma realidade nestes casos? O princípio da precaução deve ser interpretado para regulamentar e favorecer a responsabilidade técnica dos serviços

---

[44] Fato social é uma maneira de agir coletiva que não está submetida à vontade individual, mas influencia-a, tornando-se um conjunto de normas sociais. O termo foi definido pelo sociólogo francês Émile Durkheim.

de consultoria e de assistência técnica.

* * *

Para aprofundarmos um entendimento sobre o que se poderia fazer para melhorar a eficiência da governança na Amazônia, respeitando-se a Carta de 1988, restam duas assertivas importantes. A primeira, diz respeito à imposição da **proibição total de qualquer tipo de desmatamento,** a ser discutida infra legalmente, em uma futura reforma da **LPVN**. Não se excluiria nesta possibilidade, que a fiscalização do transporte de madeiras nativas, tornar-se-ia muito menos dificultosa; e, que os projetos de manejo florestal seriam significativamente mais demandados e valorizados, tanto quanto a profissão do engenheiro florestal. No formato atual, os proprietários rurais não precisam depreender esforços para aumentarem e melhorarem a qualidade do manejo florestal, ao invés, ambicionam o aumento irrestrito da extensão de suas terras, em uma espécie de sesmaria pós moderna, explorando simplesmente, aquilo que a natureza lhes disponibilizou, sem nenhum tipo de labor.

* * *

Passemos a analisar o efeito do desmatamento sobre as mudanças climáticas e sobre o aumento da temperatura do planeta. A diminuição da cobertura florestal amazônica interfere no regime de chuvas nas demais macrorregiões brasileiras e mesmo em outros países. As secas estão muito condicionadas aos eventos sazonais de aquecimento e resfriamento dos oceanos, denominados *El niño* e *La niña*, o princípio da precaução seria subordinado ao do poluidor-pagador, este sim importante, dada à necessidade de fazer valer as leis dentro do Estado de Direito, sobretudo o Código Florestal e a Lei de Crimes Ambientais, coibindo os desmatamentos.

Este aspecto é relevante porque o princípio da precaução, sendo um compromisso firmado internacionalmente ainda na década de 1990, - pela Declaração do Rio sobre Meio Ambiente -, veio a ser incorporado na legislação infranacional pela Política de Mudança do Clima, apenas em 2009.

Princípio 1: Os seres humanos estão no <u>centro</u> das preocupações com o desenvolvimento sustentável. Têm

direito a uma vida saudável e produtiva, em harmonia
com a natureza. [...]

Princípio 15: Com o fim de proteger o meio ambiente,
o princípio da <u>precaução</u> deverá ser amplamente
observado pelos Estados, de acordo com suas
capacidades. Quando houver ameaça de danos graves
ou irreversíveis, a ausência de certeza científica
absoluta não será utilizada como razão para o
adiamento de medidas economicamente viáveis para
prevenir a degradação ambiental.

Declaração do Rio sobre Meio Ambiente e
Desenvolvimento (1992)

A proposta de enxergar o planeta sistemicamente foi legalmente implementada nos anos de 1970 e 1980, fazendo com que a legislação ambiental incorporasse o Princípio do Poluidor Pagador. Então, como deve ser interpretado o Princípio da Precaução, também sistemicamente? Muito simples, se, e somente se, respeitando-se a soberania nacional. Para tanto, a educação deve ser reformadora; a sociedade deve ser exemplar; o Estado, deve ser eficiente.

* * *

O uso do fogo possui regramento legal. Mas, ainda precisa ser mais bem regulamentado e fiscalizado, sobretudo as prescrições de planejamento e execução em pequenas propriedades rurais, mesmo em minifúndios, que embora terminologicamente possam parecer ´pequenos`, podem alcançar extensão de médias propriedades, aos olhos de quem vive nas grandes cidades. Aumentar-se-ia o controle dos crimes ambientais, pois a fiscalização seria feita, também, pelos conselhos de engenharia, sobre a correta atuação dos técnicos e profissionais especializados. Principalmente por sobre a responsabilidade na execução dos planos de queima. Temos exemplar legislação, reformulada democraticamente e vigente pela Lei de Proteção da Vegetação Nativa (Lei n. 12.651/2012) – LPVN. Mas, é preciso avançar mais. Tais análises só aumentam nossa responsabilidade em conscientizar-nos sobre a conservação ambiental pelo Estado de Direito e por uma cidadania popularizada.

* * *

Um corpo, um templo constituído...

Pela Constituição de 1988, todos temos

direito à liberdade, à igualdade, à segurança, à propriedade e à vida. Liberdade de Estado conquistada na Independência, e de direitos civis e religiosos após a proclamação. O conceito de igualdade, que deverá balizar-se pelo mais alto *nível* que a democracia permita, não poderia ter sido mais bem explicado que pelo estadista Rui Barbosa ainda em 1921, no discurso *Oração aos Moços*, ao afirmar:

> *"[...] A regra da igualdade não consiste senão em quinhoar desigualmente os desiguais, na medida em que se desigualam. [...] Tratar com desigualdade a iguais, ou a desiguais com igualdade, seria desigualdade flagrante, e não igualdade real. "*
>
> **Rui Barbosa**

Direito à Segurança, uma visão a ser concretizada na busca de uma sociedade com menos desigualdades.

O direito à Propriedade particular é uma garantia do Estado, em programas de reforma agrária e social. Todo aquele que detém terras precisa cumprir a função social que abrange questões econômicas, ambientais e sociais, sob risco de perdê-la, para os programas de reforma (art. 186). Um ponto chave neste particular não é se a propriedade deva ser uma garantia fundamental, algo inquestionável, mas, sim, se aquele que detenha o pleno domínio de um imóvel rural, mas que descumprisse a função social, deveria dispor do direito de indenização, tendo como base recursos financeiros de precatórios! Esta previsão está presente no âmbito do Direito Agrário, e caracteriza uma imoral premiação para os gananciosos da degradação ambiental[45]!

O Dr. Plínio Corrêa de Oliveira já caracterizava o Direito de Propriedade de forma incondicional ao cumprimento do trabalho. Em suas palavras:

> *"Se é lícito ao homem apropriar-se dos bens que existem sem dono na natureza, e consumi-los, pelo mesmo motivo lhe é permitido apropriar-se desses bens, já não mais para consumir, mas para fazer deles instrumentos de <u>trabalho</u> (grifo nosso) [...]."*
>
> **Mayer** et al. (1960)

---

[45] Art. 185. A pequena propriedade rural é isenta de processo expropriatório.

Percebe-se, amados irmãos, que nossa Lei Maior, nossa Carta Magna – já é assim, *antropocêntrica* – colocando o Homem no centro de todas as coisas – e no que se refere ao art. 225, impõe à sociedade o direito e o dever de usufruir racionalmente do meio, conferindo-nos a diretriz para internalizarmos o conceito de ambiente, em todos os meios, natural (a natureza propriamente), artificial (onde o homem está) e laboral (o ambiente de trabalho).

Outra importante lei ambiental, a Política Nacional do Meio Ambiente (Lei Federal 6.931/81) - PNMA, nos dá subsídios para entender que o ser humano faz parte deste sistema, e que um equilíbrio sob sua responsabilidade deva ser buscado, por onde a vida se faça presente. A matéria é o instrumento pelo qual a humanidade levanta os templos das virtudes morais. Para a edificação da sustentabilidade, é necessário aprender com tentativas e erros. Na era da informação e da liberdade de pensamento, é possível subir os degraus e dar os próximos passos.

Ética Florestal do Templo

É preciso ter orgulho e satisfação pelo trabalho que se desenvolve, pois somos o que fazemos e o que pensamos. Muitos foram os motivos que me levaram a escolher uma profissão na área ambiental, mais especificamente a Engenharia Florestal. Esta peça trata, portanto, da busca pela verdade maçônica que motiva o corpo, a mente e o espírito em uma percepção voltada à sustentabilidade dos recursos naturais.

Este texto apresenta a percepção de apenas um obreiro que, humildemente, entende que o processo de busca, tomada de consciência e religamento com o Ser Supremo deve ocorrer de forma individual, respeitando os diferentes graus e degraus evolutivos que cada pessoa venha a conquistar. Trata-se de reconhecer as diferenças e compreender que a libertação começa com a vontade de refletir.

Amados Irmãos, recebei, portanto, este fragmento, cujo objetivo é apresentar argumentos que possam auxiliar na purificação do espírito e na construção de uma consciência voltada às questões ambientais.

Segundo Castelani (1993), uma sessão maçônica não deve se ocupar de discussões políticas. Tal exortação surgiu por ocasião da criação do Grande Oriente do Brasil pelo maçom adonhiramita e Grão-Mestre José Bonifácio, receoso de que a Monarquia Constitucional pudesse ruir pela ação de maçons que preferiam a República.

Mas por que evitar a política em uma instituição que, por sua ação coletiva, contribuiu para a consolidação da Independência do Brasil e segundo Castro-Faria (2016), posteriormente, por meio da atuação individual de muitos de seus membros, para a Proclamação da República?

É de bom alvitre que os maçons não levem para dentro das sessões discussões sobre ideais políticos ou religiosos, reservando-as aos encontros informais, nos quais as afinidades naturalmente se manifestam. De todo modo, o principal critério para a admissão de neófitos é a crença em um princípio criador superior, a existência de um

Grande Arquiteto do Universo ou Deus, por meio do qual cada maçom deve buscar livremente seu aprimoramento moral e espiritual.

> *"[...] Ali o Senhor ordena a sua bênção e a vida para sempre."*
>
> **Salmo 133**

Muitos processos químicos e físicos naturais já foram compreendidos pela ciência. Sabemos que o milagre da transmutação da vida na matéria ocorre onde existe o elemento carbono, presente nas fases sólida, líquida e gasosa, constituindo a base estrutural das plantas, dos animais e do ser humano.

Pelo prisma da Gnose, simbolizada no Delta maçônico, existe uma essência cósmica e universal, mais sutil que o próprio ar, portanto etérica, que transcende a matéria e na qual se encontram os seres do reino mineral (terra), vegetal (água), animal (fogo) e humano (ar). Estamos todos conectados ao que Capra (1982) denominou de *teia da vida*. Na tradição judaico-cristã, essa essência ou fluido equivale à energia do pensamento de Deus: o bálsamo precioso derramado sobre a cabeça, que desce pelas barbas de Aarão e cobre suas vestes. É também como o orvalho condensado sobre o monte Hermom, que desce sobre os montes de Sião, fonte pela qual a terra recebe a energia da criação (Salmo 133). É para essa origem que, após finda a experiência terrena, nossa essência imaterial há de retornar.

Segundo o Gênesis, o primeiro livro da Bíblia Hebraica, toda planta que produz semente deve prover ao homem seu alimento, o pão de cada dia. Assim também são as árvores, que se alimentam do gás carbônico atmosférico e utilizam, como sopro da vida, a energia luminosa irradiada pelo Sol, viajante nesse fluido cósmico também conhecido como espaço-tempo.

A humanidade, pois, jamais estará livre do jugo do espaço e do tempo, que continuamente apresentam situaçoes diante das quais o individuo escolhe, ainda que de forma limitada, como se comportará para o bem ou para o mal de sua própria evolução. O ser humano possui certa liberdade apenas para decidir, no presente, como lidar com cada circunstância.

Em muitos momentos, o tempo parece

simplesmente deixar de existir. Aquele que ouve sua música favorita sabe quando se conecta diretamente com algo que transcende aquilo que chamamos de tempo. Viagens podem tornar-se menos cansativas quando realizadas em boa companhia.

Por outro lado, aqueles que enfrentam doenças incuráveis sabem o quanto um único segundo de dor pode assemelhar-se à eternidade. Sobrevivem um dia de cada vez, planejando aquilo que está sob seu controle e rogando à Providência Divina por misericórdia, proteção e sabedoria. Todos passaremos pelo momento em que desejaremos, mas não poderemos, paralisar o tempo naquele último olhar de despedida. Albert Pike, um dos maiores líderes maçônicos norte americanos, poderia afirmar que apenas o Grande Geômetra, a inteligência emocional e os bons pensamentos poderão atenuar tal instante.

"[...] E assim, nos ensina a Maçonaria, o homem melhor se preparará para o Futuro que o espera. O Invisível não pode ocupar lugar mais elevado em nossas afeições do que o Visível e o Familiar. A lei de nossa existência é o amor à vida e aos seus interesses e adornos; amor ao mundo no qual nossa porção foi

lançada; atenção aos interesses e afeições da Terra. Não um amor baixo e sensual; não amor à riqueza, à fama, à facilidade, ao poder ou ao esplendor. Não ao baixo materialismo; mas amor à Terra como o jardim no qual o Criador dispensou tamanhos milagres de beleza; como habitação da humanidade e arena de seus conflitos [...]"

Albert Pike (1871)

Muitos afirmarão que tudo aquilo que é belo possui poder sobre o tempo, suspendendo-o em razão de seu efeito contemplativo. Pela beleza, acessar-se-ia a imortalidade.

Outros tentarão destronar a beleza, culpando-a pela procrastinação do agir, do trabalhar, do produzir e do resolver. Somente aquele que enxerga o belo em seu próprio *labor* compreende a importância de amar a si mesmo e aquilo que faz. Os que alcançam essa condição encontram-se em paz consigo mesmos e sabem que muitos outros aspectos da existência acabam por ser curados.

Amar o próprio trabalho envolve respeitar aqueles que contribuem para a realização dos objetivos comuns. Um pedreiro que ergue um muro sem utilizar o prumo não pode contentar-se com tal condição. Perde para os pares que dominam as demais ferramentas do ofício. Entretanto, são os resultados contemplativos que trarão glória ao obreiro. São os acabamentos e os ornamentos que o ligarão à *pedra cúbica* da própria consciência e, simbolicamente, o tornarão imortal.

Somente aqueles que amam com rigor atingem esse nível e podem inspirar seus semelhantes como irmãos mais experientes. Os que amam o que fazem ampliam o poder da mente e a capacidade de concentração; integram passado, presente e futuro; conectam-se ao fluido universal e suspendem o tempo. As quantidades passam a manifestar-se também em dimensões qualitativas, ligando-os à eternidade.

Assim, um pai deve amar e cuidar de um filho — considerando-se, neste ensaio, a metáfora do zelo pelos recursos naturais — com a sensibilidade e o rigor necessários para servir de arquétipo e exemplo, ciente de que esse também é seu dever de ofício.

Sujeitos aos influxos do amor e do rigor que emanam do Onipresente, sentimos suas consequências em cada circunstância da existência. O fluxo do tempo não pode ser impedido, mas podemos religar-nos a ele, mentalmente, quando percebemos que estamos trilhando o caminho da boa evolução.

A vida persiste em níveis insondáveis à consciência, níveis que Carl Gustav Jung (Vozes, 2014) conceituou como inconsciente coletivo, no qual se volvem e se revolvem nossos arquétipos. Evoluir é, portanto, o próprio caminho, o próprio espaço e o próprio tempo. Não o homem, mas o espaço-tempo é, pois, senhor da vida e da morte e, portanto, senhor da evolução.

Aquele que não reconhece a onipotência do Criador demonstra apenas ingenuidade diante das vicissitudes da existência terrena, tal como representado na tela *Saturno Devorando um Filho*, pintada por Francisco de Goya. Saturno para os romanos; Chronos para os gregos: a personificação do tempo que tudo consome.

Figura 12: Saturno (Chronos) devorando um filho (Goya).

No fim da Era de Peixes, surgiram interpretações de inspiração teosófica que reiteram o quanto a humanidade permanece conectada aos ciclos da luz das estrelas, ideia presente nos escritos de Blavatsky. Se a luz for o pão imaterial da vida, o próprio pensamento, que tratamento deveríamos conferir ao vácuo universal, invisível e incognoscível? Seria ele sua sombra ou sua antítese? Justificar-se-iam as inúmeras teorias conspiratórias dirigidas contra os maçons pelo fato de terem ousado sondar respostas para tão augustos mistérios?

> *"[...] A única dificuldade estava em provar — o que ninguém pode fazer — que o Grande Arquiteto não era o Sol das quimeras exotéricas dos profanos. [...] Pois o segredo dos fogos de Solus, o espírito que cintila na Estrela Flamejante, é um segredo hermético, e, a não ser que um maçom estude a verdadeira teosofia, este segredo estará perdido para ele. Hoje em dia, os maçons, como os cristãos, santificam o dia do Sabbath e o chamam de dia do Senhor; entretanto, como qualquer um sabe, o Sunday dos ingleses ou o Sonntag dos alemães significa o dia do Sol, como há dois mil anos atrás. [...]"*
>
> ***Blavatsky (1888)***

Os postulados de Descartes e a física de Newton, que explicaram o racionalismo e a forma como a força gravitacional aproxima os corpos densos, foram deslinearizados pela Física Quântica de Max Planck. As constatações de Albert Einstein sobre a equivalência entre energia e matéria, a descoberta da partícula de Higgs e a proposição da existência dos neutrinos por Wolfgang Pauli são exemplos que apontam um caminho para perscrutarmos, de forma integrada, a ciência, a vida, o espírito e a matéria.

> *"[…] um dia aprenderemos a reconhecer: que pão e beleza crescem juntos. Sua integração harmoniosa pode tornar a agricultura não apenas um negócio, mas uma arte; a terra não apenas uma fábrica de alimentos, mas um instrumento de auto expressão, sobre o qual [o homem/a humanidade] pode tocar música de sua própria escolha".*
>
> *Aldo Leopold (1933) por Castro-Faria (2020)*

Consideremos a matéria densa com forma a percebemos. Uma das maiores preocupações da população são os aspectos relacionados à saúde como um todo. Muitos esquecem que a prevenção das doenças humanas está diretamente relacionada ao equilíbrio entre corpo, mente e espírito, deixando de cultivar os melhores padrões de pensamento, aqueles que nos religam à nossa essência e que nos permitem o autoconhecimento, favorecendo a inteligência emocional e afastando-nos dos distúrbios de ordem psíquica.

O equilíbrio é também um atributo imprescindível para a saúde das florestas, que necessitam de água e de solo fértil para germinar e transmutar a luz em matéria, potencializando seu crescimento por meio do aproveitamento dos minerais e nutrientes da terra. Do contrário, são acometidas por distúrbios como pragas e doenças, que, por si sós, são apenas indicadores de desarmonia, ao encontrarem condições propícias à sua manifestação em ambientes estressados.

Os animais e os seres humanos convivem em simbiose com as plantas, como bem contextualizou o engenheiro florestal americano Aldo Leopold. Todos se beneficiam nessa coexistência. O gás oxigênio produzido pelas árvores é um resultado fisiológico da transmutação da energia livre em energia química e, de forma inversa, o dióxido de carbono produzido pela respiração dos animais é reutilizado pelos vegetais. Estamos, então, falando de um tipo de mutualismo cuja percepção é científica, mas também metafísica. Apenas o ser humano é capaz de compreendê-lo e de conscientizar-se de sua importância para a conservação da própria perpetuidade. Nessa forma de pensar, percebemos que a medicina preventiva e as questões ambientais que garantem a sanidade dos seres vivos estão, conectadas e derivam da mesma fonte de Sabedoria.

Não existirá graça onde, pela ação humana, houver a promoção gratuita de sofrimento por motivações grotescas. É preciso cultivar pensamentos que convertam a cultura do "sempre mais" na cultura do "sempre melhor" — a cultura do bem-estar. No momento em que indivíduos colocam o meio ambiente verdadeiramente em primeiro plano, promovem mais saúde para as pessoas, mais educação do que normalmente se imagina, maior redução dos problemas sociais. Assim, boas lideranças são edificadas. Portanto, o segredo da sustentabilidade reside no bem-estar da vida humana, diretamente responsável pela conservação das demais formas de vida no planeta.

"Deus abençoou Noé e seus filhos: Sede fecundos, disse-lhes ele, multiplicai-vos e enchei a terra. [...] Somente não comereis carne com alma, com sangue. [...]"

Em nosso tempo, vivemos sob a égide de diversos grupos sociais que concorrem pelo poder. É preciso evitar caminhos que promovam a anulação de forças complementares. A estabilidade real é muito mais dinâmica e precisa ser lapidada por meio do trabalho, da liberdade, da fé e do amor à ordem e ao progresso.

> *"Amor por princípio [...]"*
> *Auguste Comte*

Não seria um inconveniente, portanto, admitir que padrões ambientais mínimos fossem estabelecidos por lei e que padrões mais elevados fossem estimulados pela livre iniciativa, por meio de certificações como as de Créditos de Carbono, a serem adotadas conforme a escolha dos consumidores. Essa liberdade qualitativa já demonstrou ser capaz de minimizar impactos deletérios da humanidade sobre o meio natural, cada vez mais ameaçado.

O aquecimento global associado à poluição industrial já alcançou limites emergenciais, majorando o desequilíbrio climático promovido por fenômenos climáticos como El Niño e La Niña, que condicionam diretamente a formação das massas de ar e os períodos de secas ou chuvas torrenciais, agora cada vez mais frequentes. Tais fenômenos demonstram que existem efeitos planetários inseridos em um mesmo macrocosmo, mas que, observados à luz das soberanias nacionais, devem ser integrados a uma governança capaz de exercer plenamente suas virtudes e liberdades, ordenando o desenvolvimento de modo a garantir o bem-estar humano.

As florestas e seus detentores geram múltiplos benefícios e merecem justa remuneração, sempre em respeito ao direito à propriedade privada. Será necessário superar o paradigma do capitalismo predatório e, assim, reconciliar os caminhos do progresso humano, aproveitando as oportunidades internacionais da chamada Economia Ambiental (Constanza, 1991) e pelos arranjos de ESG (*Environmental, Social and Governance*).

É razoável que as soluções sejam construídas com base nos arranjos da economia neoclássica (Pigou 1932). O carbono que deixamos de emitir ao combater o desmatamento já vem sendo remunerado no âmbito de acordos como o Fundo Amazônia. Esse produto — toneladas de carbono evitadas — é fruto do nosso trabalho de comando e controle. Contudo, outro serviço ambiental, além da fixação de carbono, ainda não foi colocado no centro das negociações.

Ao bom capitalista, pergunta-se se seria correto vender, por valores superfaturados, algo que não produzimos com nosso próprio esforço. Muitos responderiam que seria até mesmo um crime vender algo que não nos pertence. Mais grave ainda seria comercializar aquilo que nos foi dado de presente. Os bons costumes ensinam que os presentes simbolizam a presença de quem os ofertou e que, portanto, devem ser guardados com cuidado e zelo, sobretudo quando deles depende a vida de milhões de pessoas, como ocorre com os recursos hídricos.

"[...] a chuva na região amazônica é composta pela quantidade de água evaporada localmente (evapotranspiração), acrescida de uma contribuição advinda do Oceano Atlântico. Pode-se estimar que 50% do vapor d'água que precipita sob a forma de chuva é gerado localmente (pela evapotranspiração)."

Conforme explicam Fish et al. (1998), os vapores d'água produzidos no Oceano Atlântico e condensados na Bacia Amazônica são dissipados tanto para o Hemisfério Sul quanto para o Hemisfério Norte. Essa água, sagrada, ao precipitar-se, traz e renova a vida em muitos países, independentemente de seus níveis de poluição. Regulada pela ação das florestas, contribui também para a renovação dos sistemas atmosféricos e para a manutenção dos ciclos que sustentam a vida.

Se, para os antigos israelitas, o Templo era o local sagrado onde a presença de Deus se manifestava e merecia cuidado, respeito e dedicação, hoje podemos compreender que o planeta é o nosso grande templo comum, confiado à humanidade para ser protegido e preservado.

Nesse contexto, a figura de Jakin adquire um simbolismo especial. Durante o reinado de Davi, Jakin foi o chefe da vigésima primeira divisão sacerdotal da tribo de Levi, responsável pelo serviço sagrado no Templo. Seu nome, derivado do hebraico יָכִין (Yakhin), significa "Ele estabelecerá" ou "Deus firmará", expressando a ideia de estabilidade e permanência. O mesmo nome foi dado a uma das colunas que ornamentavam a entrada do Templo de Salomão, simbolizando a firmeza estabelecida por Deus.

Assim, inspirados por esse significado, somos chamados a agir como guardiões do templo que habitamos — a Terra —, promovendo sua proteção, sua saúde e seu equilíbrio em benefício do presente e do futuro.

Esta é, de fato, uma questão de Estado, seja ele laico ou não. Não se trata de ignorar que existam custos envolvidos, ao menos os administrativos. Seria razoável, portanto, reconhecer que os países detentores da soberania sobre o território amazônico pudessem ser remunerados, no âmbito internacional, pela conservação da região, mediante a justa e adequada valoração econômica da água fornecida por seus ecossistemas.

"[...] Eu sou o Alfa e o Ômega, o princípio e o fim. A quem tiver sede darei gratuitamente da fonte da água da vida.' [...]"
Apocalipse de João 21:5-6

A sustentabilidade autêntica é aquela que se preocupa com a estabilidade da humanidade em sua relação com o meio físico natural. Deve ser compreendida como uma ética que cada indivíduo desenvolve em si, exercendo o livre discernimento e a livre vontade para aperfeiçoar-se, buscando respostas existenciais nos recônditos da própria alma, onde se encontra a verdadeira felicidade do espírito.

Daí a importância de uma sociedade edificada sobre menores desigualdades e sobre níveis mais elevados de desenvolvimento cultural e econômico, capazes de favorecer o reconhecimento de todas essas causas.

Assim, a missão da sociedade brasileira, por meio de suas múltiplas esferas de governança — e também dos maçons e da Maçonaria —, é promover e moderar essas reflexões, contribuindo para o fortalecimento dos pilares de uma nação exemplar na conservação da natureza.

Que não sejamos árbitros, mas maestros de uma grande orquestra, na qual cada país saiba identificar os instrumentos com que pode contribuir para a sinfonia da sustentabilidade.

Os ideólogos do caos, ao defenderem seus próprios desvios, apenas obscurecem a luz da história, reescrevendo-a conforme suas conveniências. Pretendem aprisionar-nos em uma polarização permanente que conduz apenas à diminuição da autoestima coletiva, subestimando a população e impedindo-a de expressar todo o seu potencial. Mantêm-na do lado de fora dos portões que poderiam conduzi-la à regência da Grande Ópera.

A sustentabilidade não é apenas uma política pública, um instrumento econômico ou um ideal filosófico. É a expressão da maturidade de uma civilização que compreende sua dependência da natureza e sua responsabilidade perante as gerações futuras. Somente quando ciência, ética e liberdade caminharem juntas será possível reger, com sabedoria, a grande sinfonia da vida.

* * *

Em âmbito administrativo, a Maçonaria deverá conscientizar-se de sua missão em evoluir, continuadamente, os meios para melhor selecionar os ingressantes, com ênfase na escolha dos que apresentem real interesse pela busca do aprimoramento moral, lapidando, já de início, a pedra filosofal.

Em todo maçom brasileiro deve existir a chama para auxiliar, sem ostentações, a adequação dentro do espectro social, dos cidadãos das camadas mais necessitadas, especialmente, os que agora manifestam-se desorientados. É preciso atuar pela sua reeducação e pelo resgate frente a novas expectativas para com a vida, renovando-lhes esperanças. Neste sentido, a agenda da sustentabilidade será sempre integradora, pois tratará das ações ao bem da Pátria e da coletividade, indicando, para a sociedade, que a sublime Ordem não é composta por perversos ou irresponsáveis.

Os maçons reconhecem uma *estrela* misteriosa com cinco pontas, que nunca deve se afastar do espírito. Também chamada de pentagrama ou estrela flamígera (alusivo ao fogo). Esta estrela circunscreve o caminhamento do planeta Vênus, em sua trajetória celeste vista da Terra, sendo, portanto, um dos simbolismos da beleza. Estes valores, ao serem favorecidos democraticamente, inspirarão, em todos, os melhores valores de honra e justiça. Também é um emblema do gênio, cujo ânimo vive em cada obreiro, cujos sentidos estejam despertados, e que o leva à prática das grandes ações, a partir de conhecimentos adquiridos e incentivados sobre as sete artes liberais:

- **Lógica**: *pedra sobre a qual são construídos os monumentos da razão*
- **Gramática**: *o estudo da escrita e da literatura*
- **Retórica**: *o estudo do discurso e da oratória*
- **Aritmética**: *estudo dos cálculos (matemática)*
- **Música**: *estudo das relações entre os sons*
- **Geometria**: *estudos sobre as formas, de Pitágoras à atualidade*
- **Astronomia**: *estudos sobre os movimentos celestes*

Os maçons deverão compreender a necessidade, de fielmente, passarem a promover as virtudes liberais para, desta forma, garantirem que as *artes* não sejam apropriadas por ideologias que as defendam como subterfúgios de qualquer tirania, ou mesmo, para defendê-las dos pérfidos. Já é tempo para que os maçons brasileiros reassumam sua senda como artífices da Maçonaria

Operativa, ao marcarem o plano material com as virtudes indeléveis da nobre Arquitetura. As gerações futuras saberão ser gratas por isso.

* * *

Ao se considerar as sanidades telúricas, os maçons devem conscientizar-se de sua condição para servirem de exemplo, e mesmo moderarem os pares, não se prostrando aos excessos que desvirtuam o caráter. Sabem, os nobres obreiros, que as massas anseiam e se espelham nos bons exemplos, e que a autoridade dos maçons não precisa ser exercida com autoritarismo. Bem sabem que disto dependerá da progressão de uma brasilidade com menores níveis de corrupção sistêmica.

* * *

Historicamente, a Maçonaria soube defender, sem exceções, a tolerância com todas as religiões. Laicismo é uma qualidade de Estado; e ateísmo, uma qualidade do indivíduo. E os maçons não são ateus, pelo contrário, adentram na Ordem justamente por acreditarem em um princípio maior da criação.

Mesmo as virtudes revestidas de catolicismo,

em sendo exercidas por vaidades, não resultam em bons exemplos. O bem maior, aquele que leva às práticas que melhoram a sociedade, resiste naquele que busca, arduamente, a paz interior, o equilíbrio intrínseco interno e individual, que advém apenas do autoconhecimento e do respeito ao próximo. A liberdade para se praticar o bem, também é uma escolha individual. Se o cristianismo lhe induz, deverá ser pela liberdade que as massas possuam para seguir livremente os bons exemplos das lideranças.

> *"[...] Diante de uma só pessoa podemos saber se é massa ou não. Massa é todo aquele que não se dá valor – bom ou mau – por motivos especiais, que se "sente como todo mundo", e, no entanto, não se angustia, e gosta de se sentir idêntico aos demais. Imaginem um homem humilde que, ao tentar se valorar por razões especiais – ao se perguntar se tem talento para isso ou aquilo, se sobressai em alguma coisa -, nota não possuir nenhuma qualidade excepcional. Esse homem se sentirá medíocre ou vulgar; mas não se sentirá massa. [...]"*
>
> **Ortega Y Gasset**

A tradição cristã é inegável e, independente da vertente que esteja fundamentada, sempre estará presente na moral da nação e nas individualidades. Já a maçonaria do século XXI, massificada, deve ensejar que os obreiros assumam seus postos nas colunas da *evolução*. Não se trataria de apregoar cegamente o restaurar de um Estado Cristão porque mesmo este, estando sob influência dos homens além-mar, continuaria a poder ser utilizado para os objetivos da alienação.

> *"[...] A missão da Maçonaria não é se engajar com tramas e conspirações contra o governo civil. Ela não é propagandista fanática de algum credo ou teoria; nem se proclama inimiga dos reis. É a apostola da liberdade, igualdade e fraternidade; porém não é mais sumo-sacerdotisa do republicanismo do que da monarquia constitucional. [...]"*
>
> **Albert Pike**

Esta questão importa aos que se preocupem com a reconciliação para com as virtudes imperiais. Ao reconhecê-las, os maçons estarão, simultaneamente, resgatando a autoridade perdida e, enterrando, de vez, as ameaças do terrorismo e do autoritarismo, sinalizando à Casa Imperial o respeito aos gloriosos serviços que secularmente já promoveram. Estarão, assim, olhando sem medo para um passado longínquo, que se iniciou ainda com a dinastia templária dos Borgonha. Ao mesmo tempo, indicarão que um possível apoio popular à causa restauracionista, estaria condicionado à manutenção da liberdade religiosa, que foi a principal conquista advinda com a proclamação da república. O preço da *restauração* será, portanto, o reconhecimento de que a opção pela cristandade deverá ser sempre uma escolha individual. A humanidade deve permanecer livre para optar por ela, arcando, cada qual, com seu próprio desígnio.

Não se trataria de exigir que Suas Altezas renunciassem ao catolicismo e suas liturgias, mas, que deixassem de ambicionar que o Estado o fosse, pois mesmo que representassem uma sociedade majoritariamente cristã, os católicos nunca lhe seriam em totalidade. A vagância do trono está para qualquer um dos Bragança do Ramo de Vassouras ou do Ramo de Petrópolis, descendentes diretos de P.II, que, sendo aclamado como Chefe de Estado estaria, assim, submetendo-se à aprovação plebiscitária[46] do poder constituinte que é o povo, conferindo-lhe verdadeira legitimidade, e não aquela imposta por externalidades da chamada questão dinástica.

Nesta hipótese, o Poder Moderador teria atribuições previstas por uma emenda constitucional, respeitando-se a Carta Magna cidadã de 1988, mas, em honra e mérito ao farol da nossa paz comum, Dom Pedro II, baluarte perpétuo da fraternidade, inspirador da união de todos os povos, principalmente os que cultuam a língua portuguesa[47], em uma nova, independente e integradora geopolítica internacional. Suas Altezas, passariam também, a *libertarem-se* dos paradigmas morganáticos da sucessão e das imposições do Vaticano, libertos para miscigenarem visões de mundo dos mais diversos povos que ao Brasil migraram. Tratar-se-ia de conferir para a mônada nacional, *o real sentido de ser*, engrandecendo sua já augusta missão de, mundialmente, produzir alimentos e conservar o meio ambiente. A

---

[46] Adjetivo relativo a plebiscito.

[47] Moçambique, Angola, Timor Leste, Guiné-Bissau, Guiné Equatorial, Cabo Verde, São Tomé e Príncipe, Macau e Portugal.

evolução deste processo seria orgânica e pacífica, desde que ocorresse democraticamente, e respeitasse o sufrágio universal. Os que lutassem contra, apenas estariam reconhecendo o interesse na manutenção da mônada brasileira adormecida na vaidade de apedeutas que renegam seu sangue e sua origem. Para tanto, Suas Altezas cumpririam com o dever de defender as virtudes humanas, a cidadania, as tradições greco-romanas e judaico-cristãs. Haveriam que conquistar as massas pelas próprias condutas, prostrando-se à Constituição de 1988, genuinamente democrática, redimindo-se do que se sucedeu em 1823, quando da dissolução da assembleia constituinte. Com estas condições, os maçons do orbe nacional, certamente, se enfileirariam como Alcaides-de-Farhia[48], patriotas abnegados, artífices da justiça e da verdade, fundamentada numa brasilidade espiritual, inspirada pela estátua colossal de Jesus, o Redentor.

---

[48] Referindo-se aos lendários alcaides Nunes Gonçalves de Farhia, e seu filho, Gonçalo Nunes de Farhia, que por atos heroicos lideraram a defesa da Casa de Borgonha contra as invasões castelhanas, entre os reinados de D. Pedro I e D. Fernando (séc. XIV), em período de crise dinástica.

<blockquote>
"[...] A nobreza se define pela exigência, pelas obrigações, <u>não pelos direitos</u> (grifo nosso). O nobre aspira a ordenação e a lei. Os privilégios da nobreza não são originariamente concessões ou favores, mas pelo contrário, são conquistas [...]"
</blockquote>

Ortega Y Gasset

O pensamento conservador deve portanto, pretender manter a estabilidade do sistema implantado a partir de 1988, defendendo as garantias fundamentais conquistadas para todos os indivíduos. Grupos que tivessem o intuito de minar a constituição, como as aglomerações reacionárias intervencionistas, os revanchistas absolutistas, os revolucionários comunistas, ou mesmo os separatistas, fazem parte de fato, todos, do colorido de uma oposição golpista, de raízes imemoriais.

Em terra de provações e expiações, são os cidadãos e cidadãs comuns que devem servir como exemplo nas esferas que se disponham. Devem desenvolver a autocrítica ao egoísmo existencial que se tem por natureza. Poderiam depositar a confiança e a vigilância em um Chefe de um Estado laico, sem o qual não seria digno de tal honra e mérito. Este que, ao usar de sua prerrogativa para nortear e defender a vida em uma eterna sociedade desejosa e angustiada, bem como defender a constituição, também caberia o dever da moderação das condutas tidas, como *politicamente incorretas* (Figura 13).

Figura 13: Brasão imperial pelo Ramo alternativo, o de Petrópolis.

* * *

Um pentagrama vermelho está bem representado no brasão de armas republicano. A cor manifesta a chama deste gênio representado por cada indivíduo em sã consciência, que deverá inspirar a cidadania para os seus próximos. Este brasão é reconhecido pelos nobres em espírito, em sua augusta missão na progressão do Novo Oeste, especialmente, nos rincões deste Brasil afora, onde, por muitas vezes, impera o autoritarismo (Figura 14).

Figura 14: A estrela de cinco pontas no brasão da República.

Este brasão, com a Estrela de Salomão, é reconciliatório e inequívoco, e apresenta simbolismos híbridos monarquistas e republicanos. Em seu fundo, os raios de luz indicam os próprios pensamentos do Grande Arquiteto. Os ramos de café e tabaco, exprimem, simbolicamente, a força da economia desde a Independência. As cores internas da estrela em verde e amarelo, nos remetem tanto a Casa Imperial quanto os recursos naturais. O círculo com estrelas brancas de mesmo tamanho dá sentido à igualdade entre os Estados, todas emprestadas da Bandeira Imperial, tendo ao centro a constelação do Cruzeiro, representando a fé cristã e a liberdade de expressão de um Estado laico. O disco também pode ser compreendido como o próprio Escudo de Athena, deusa da liberdade. E, transpassado em direção celeste, temos a espada do mestre construtor maçom adonhiramita, representando a honra e a sabedoria com que defenderá todos estes ideais.

Eis um país com nome de árvore, o Brasil. Caberá a cada homem livre reconhecer sua senda na construção desta nação, lutando por uma vida cada vez melhor para todos e, com a graça de Deus, que a resultante, no futuro, seja sempre o que for de melhor para a *humanidade.*

* * *

Prelúdio para a Esperança

Todos temos expectativas imperfeitas
Todos temos expectativas
Todos temos

Todos estamos num estado imperfeito
Todos estamos num estado
Todos estamos

Todos somos um todo imperfeito
Todos somos um todo
Todos somos

Todos pensamos ideias imperfeitas
Todos pensamos ideias
Todos pensamos

Todos
Todo

REFERÊNCIAS

ABELSON, P. (1906). **The seven liberal arts**: a study in medieval culture. (CORREA, N. D. Trad.) Campinas: Kirion, 2019.

BARBOSA, Rui. Oração aos moços. In: **Oração aos moços / Rui Barbosa**: edição popular anotada por Adriano de Gama Kury. 5ª ed.. Rio de Janeiro: Fundação Casa de Rui Barbosa, 1997. 52p.

BRAGANÇA, B. O. **Psicose Ambientalista**: Os bastidores do ecoterrorismo para implantar uma religião ecológica, igualitária e anticristã. São Paulo: Instituto Plinio Corrêa de Oliveira, 2012. 176 p.

CAPRA. F. **O ponto de mutação** (*The turning point*). Estados Unidos: Bantam. 1982. 432p.

CARLOWITZ, H. N. **Sylvicultura Oeconomica**: Hausswirthliche Nachricht und Naturmäßige Anweisung zur Wilden Baumzucht (*Mensagem sobre economia doméstica e instruções naturais para o melhoramento de árvores silvestres*). Alemanha: 1713.

CASTRO FARIA, A. B.. **A Ética da Terra de Aldo Leopold**. 1. ed. Curitiba: Appris, 2020. 81p.

CASTRO FARIA, A. B.. **Conservação e Saúde das Araucárias**: fundamentos legais e ecossistêmicos. 1. ed. Curitiba: Juruá, 2018. v. 1. 104p.

CONSTANZA, R.; DALY, H. E.; BARTHOLOMEW, J. A..Goals, agenda, and policy recommendations for Ecological Economics. In: CONSTANZA, R. et al. (Org.). **Ecological Economics**: The Science and Management of sustainability. 1ed. 1991, v. 1, p. 1-20.

DRENGSON, A. The life and work of Arne Naess: an appreciative overview by Alan Drengson. In: **The ecology of wisdom:** writings by Arne Naess. DREGSON, A.; DEVAL, B. (Org.). Counterpoint, Estados Unidos. 2008.

FISCH, G.; MARENGO, J. A.; NOBRE, C.A.. Uma revisão geral sobre o clima da Amazônia. **Acta Amazonica**. n. 28, n. 2. p.101-126. 1998.

IRLAND, L. C. **Ethics in forestry**. Timber Press, Portland, Oregon. 1994, 455p.

KARDEC, A. (1857). **Le livre des esprits.** GENTILE, S. (Trad.). Catanduva SP. Boa Nova. 2004.

KARDEC, A. (1864). **L'évangile selon le spiritisme.** GENTILE, S. (Trad.). Catanduva SP. Boa Nova. 2004.

MAQUIAVEL, N. **O príncipe**. Martins Fontes, São Paulo. 1996, 182p.

MAYER, D. A. C.; SIGAUD D. G. P.; OLIVEIRA, P. C.; FREITAS, L. M. **Reforma agrária: questão de consciência.** São Paulo: Vera Cruz, 1960. 387p

MOLION, L.C.B. **Climatonomic study of the energy and moisture fluxes of Amazon basin with consideration of deforestation effects.** Tese de doutorado. Department of Meteorology, University of Winsconsin, Madison, USA. 1975.

MORGAN, A. Poder Moderador. In: **Gazeta Imperial:** Jornal editado pelo Instituto Brasil Imperial. v. 16, n. 189, 2011. p. 4 – 5.

NAESS, A.. Population reduction: an Ecosophical view. In: DREGSON, A.; DEVALL, B. (Org.). **The ecology of wisdom:** writings by Arne Naess. 2008.

ORLEANS e BRAGANÇA, L. F.. **Por que o Brasil é um país atrasado?** 1. ed. Ribeirão Preto: Novo Conceito, 2017.

ORTEGA y GASSET, J. **La rebelión de las masas.** Madrid: El Sol. 1929.

PIKE, A (1871). **Moral and Dogma do rito escocês antigo e aceito.** GARCIA JUNIOR, C. J.; RODRIGUES G. B. (Trad.). Birigui SP. Editora Yod. 2011.

PRADO, E. (1893). **A ilusão americana.** Brasília: Senado Federal, 2003. 118p.

ROUSSEAU. J. J. (1757). **Discurso sobre a origem e os fundamentos da desigualdade entre os homens**: Tradução de Paulo Neves. Porto Alegre: L&PM. 1995. 176p.

REZZUTTI, P. **Pedro II:** o último imperador do Novo Mundo revelado por cartas e documentos inéditos. São Paulo: LeYa, 2019.

SCRUTON, R. Preservando a natureza. In: SCRUTON, R. (ARAÚJO, G. F. [Trad.]). **Uma filosofia política:** argumentos para o conservadorismo. 2017.

TRIGUEIRO, A. **Espiritismo e ecologia**. 4. ed. Brasilia: FEB, 2017.

VIEIRA, F. G. **Carta Encíclica do Papa Francisco**: Laudato Sí - sobre o cuidado da casa comum. Cachoeira Paulista (Brasil): Canção Nova, 2016.

φ

LEGISLAÇÃO CITADA

BRASIL. Decreto Federal n°. 1, de 15 de novembro de
1889. Proclama provisoriamente e decreta como forma de
governo da Nação Brasileira a República Federativa. **Diário
Oficial da República Federativa do Brasil**. Brasília, DF,
1889.

BRASIL. Decreto Federal n°. 4, de 19 de novembro de
1889. Estabelece os distintivos da bandeira e das armas
nacionais, e dos selos e sinetes da Republica. **Diário
Oficial da República Federativa do Brasil**. Brasília, DF,
1889.

BRASIL. Lei Federal n°. 6.938, de 31 de agosto de 1981.
Política Nacional do Meio Ambiente. **Diário Oficial da
República Federativa do Brasil**. Brasília, DF, 1981.

BRASIL, Constituição da República Federativa do Brasil.
Diário Oficial da República Federativa do Brasil.
Brasília, DF, 1988.

BRASIL. Lei Federal n°. 12.187 de 29 de dezembro de
2009. Política Nacional sobre Mudanças do Clima. **Diário
Oficial da República Federativa do Brasil**. Brasília, DF,
2009.

BRASIL. Lei nº. 12.651 de 25 de maio de 2012. Lei de Proteção da Vegetação Nativa. **Diário Oficial da República Federativa do Brasil**, Brasília, DF, 2012.

LEIA TAMBÉM

- *1808, 1822 e 1889 (trilogia),* por Laurentino Gomes
- *A doutrina secreta: Cosmogênese,* por Helena P. Blavatsky
- *A igreja positivista da Rua Benjamin Constant,* por Revista História, Ciência e Saúde
- *Alerta,* pelo espírito de Joanna de Ângelis, psicografado por Divaldo Pereira Franco
- *Anexo 2 do Decreto federal n. 4 de 19 de novembro de 1889,* Diário Oficial da União
- *A Teia da Vida: uma nova compreensão científica dos sistemas vivos,* por Fritjof Capra
- *Advento da dictadura no Brazil,* por Visconde de Ouro Preto
- *Almanaque de um condado arenoso: e alguns ensaios sobre outros lugares (A Sand County Almanac).* Por Aldo Leopold, traduzido por Rômulo Ribon
- *As origens do ritual na Igreja e na Maçonaria,* por Helena P. Blavatsky
- *Ata da cerimônia de posse do grão mestre Deodoro da Fonseca,* Boletim do Grande Oriente do Brasil de 1º de março de 1890
- *Brasil coração do mundo e pátria do evangelho,* psicografado por Francisco Cândido Xavier

- *Caibalion: estudo da filosofia hermética do antigo Egito e da Grécia*, de autoria desconhecida (Os três iniciados), mas atribuído a Hermes Trimegistus, sacerdote do antigo do Egito
- *Declaração do Rio*, Conferência Internacional sobre Meio Ambiente e Desenvolvimento (ECO - 92)
- *Declaração Universal dos Direitos Humanos*, Organização das Nações Unidas
- *Elogio da Loucura*, por Erasmo de Rotterdam.
- *Escrituras sagradas do antigo e do novo testamento*
- *Fábula das formigas e das cigarras*,por Jean de La Fontaine
- *História do Grande Oriente do Brasil: A Maçonaria na História do Brasil*, por José Castellani e William Almeida de Carvalho
- *O pensamento político de Júlio de Castilhos*, organizado pela Assembleia Legislativa do Rio Grande do Sul
- *O príncipe,* por Nicolau Maquiavel
- *Os arquétipos e o inconsciente coletivo*, por Carl Gustav Jung
- *Plantas doentes pelo uso de agrotóxicos: A Teoria da Trofobiose*, por Francis Chaboussou
- *Reorganizar a sociedade,* por Auguste Comte
- *Rituais,* do Grande Oriente do Brasil

$$\phi$$

BIOGRAFIA

Maçom desde 2003 pelo Grande Oriente do Brasil (GOB-PR), Álvaro Boson de Castro Faria é natural de Montes Claros, MG, e teve sua formação em Curitiba. Graduou-se pela UFPR, tendo concluído o mestrado e doutorado na área de Engenharia Florestal. Professor e perito judicial, atua academicamente nas áreas de política, ética, legislação, proteção florestal e perícias ambientais, pela Universidade Tecnológica Federal do Paraná. Autor de livros e dezenas de artigos científicos. É um dos tradutores do patriarca americano da ética ambiental, Aldo Leopold, para a língua portuguesa. É cofundador da A.˙.R.˙.L.˙.S.˙. *Hippolýte Lèon* n. 4.721, pelo rito Adonhiramita, tendo adotado o nome simbólico do alcaide *Gonçalo Nunes de Farhia*.

Φ

ANEXO I

Figura 15: Capa do livro "Reflexões republicanas contemporâneas: um convite para a reconciliação" (esgotado).

φ

ÍNDICE REMISSIVO

ISBN: 978-65-00-01398-2

9 786500 013962